AF242924

ÉTUDE

SUR

J.-J. ROUSSEAU,

PAR UN AUDITEUR

DU COURS

DE M. SAINT-MARC GIRARDIN.

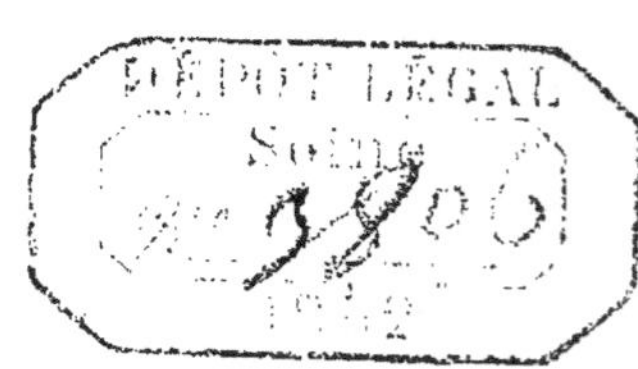

PARIS,

IMPRIMERIE DE PAUL DUPONT,

Rue de Grenelle-St-Honoré, 45.

1851.

CAUSERIES EN SORBONNE.

AVANT - PROPOS.

La meilleure manière de louer ce cours est de ne le louer pas ; il faudrait dire beaucoup pour dire assez. En effet, le seul éloge que nous en puissions faire, c'est d'avouer qu'il mérite tous les éloges : finesse ingénieuse d'aperçus, goût exquis et toujours sûr, élégante familiarité pleine de grâce et de distinction, élocution toujours brillante, tour à tour spirituelle et éloquente, mélange heureux de malice et de hardiesse, mais par-dessus tout cette noblesse de sentiments qui émeut, cette généreuse fierté de caractère qui commande le respect, et cette chaleur communicative qui maîtrise, passionne et mène à son gré, par l'émotion et par l'épigramme, un auditoire toujours sympathique. Et quel auditoire ! — Je le louerais volontiers (si je n'y étais partie intéressée), car les compliments que je lui adresserais retourneraient de droit à ce spirituel et charmant Causeur qui s'est fait son auditoire, qui se l'approprie, qui parle et s'entretient avec lui plutôt qu'il ne semble l'instruire, bien que l'esprit, autant que le cœur, y trouve largement son compte. Rien de plus flatteur, que je sache, que cet auditoire si nombreux d'hommes de tout âge, de jeunes gens de toutes les écoles, qui, toujours fidèles au rendez-vous littéraire du Mercredi, se pressaient en plein hiver, debout ou assis, dans la vaste salle de la Sorbonne, devenue dès lors trop étroite (1). Comment expliquer ce succès toujours croissant d'année en année! M. Saint-Marc Girardin n'imagine cependant pas de religion nouvelle ; il ne propose pas la moindre constitution, de solution pas davantage. Il ne hasarde pas non plus de généralités hardies sur la politique, l'histoire et la philosophie.—Non, sans doute, mais il parle à son auditoire un langage ferme et passionné ; il parle avec l'autorité d'un homme qui connaît l'homme et ses faiblesses, qui a vu et voit de près comment s'administrent les affaires de la France ; et sa parole se fortifie et s'embellit de toutes les qualités et de toute l'expérience de l'homme politique, du philosophe moraliste et du professeur toujours de plus en plus écouté et applaudi. Rappeler ce silence passionné de l'auditoire, puis ces rapides éclairs de joie, ces bruyants élans d'enthousiasme, ces sourires de l'intelligence, cette pleine satisfaction de l'esprit et du cœur, n'est-ce pas une preuve de plus qu'à la jeunesse on peut tout dire, mais à deux conditions, observe M. Saint-Marc Girardin (2), « la première, c'est qu'on ne l'ait jamais flattée, car « elle ne supporte pas que ses flatteurs deviennent ses juges, et « la première liberté qu'elle ôte à ses adulateurs, c'est la liberté « de ne plus l'être. La seconde condition, c'est qu'on ne veuille « pas la braver : comme elle est un public, elle a de ce côté sa

---

(1) M. Cuvillier Fleury a fait ressortir le côté dramatique du Cours de M. Saint-Marc Girardin, dans un excellent feuilleton du *Journal des Débats*, 12 janvier 1851. — *Voir* aussi le feuilleton du 31 mars où M. J. Janin écrit : « M Sainte-Beuve a pris avec raison M. Saint-Marc « Girardin pour le commencement et le point de départ de ses *Lundis*. « Il l'a choisi justement parce qu'il n'a pas rencontré en son chemin « un esprit plus modéré, plus juste, plus familier, plus humain, plus « éloigné de l'emphase et de l'attirail. Il l'a choisi comme un chef « d'école.......... »

(2) *Essais de littérature et de morale*, t. II, ch. VI, p. 232. On ne saurait trop lire et relire les vingt pages de fragments d'un goût exquis, réunis sous le titre de « *Causeries en Sorbonne*, » 1840.

« part de fierté, et de même qu'elle respecte l'indépendance et
« la franchise, elle hait la manie de l'impopularité. A ces deux
« conditions, le professeur a droit de dire à la jeunesse tout ce
« qu'il veut. » —Mais, pour user de ce droit avec autorité et sans
péril, il faut parler et sentir comme M. Saint-Marc Girardin sait
sentir et parler.

Dans son discours en réponse à M. Nisard, discours qui fut pour
M. Saint-Marc Girardin l'occasion d'un nouveau triomphe, il
dit, en appréciant les mérites littéraires de M. de Féletz, qui
n'avait fait que des articles : « Il y a des articles ou des Causeries
« auxquelles il ne manque que le fil du relieur pour faire un bon
« livre. » — Ce qui est vrai des charmantes *Causeries du Lundi*,
reliées sous les auspices de leur spirituel auteur, ne le peut
malheureusement pas être des *Causeries en Sorbonne*, car nous
n'avons certes pas la présomption de surprendre le visa du
professeur, qui serait bien assurément en droit de décliner la
responsabilité de notre rédaction.

A ceux donc qui nous pourraient demander ce que nous prétendons leur faire lire sous le titre de *Causeries en Sorbonne*, nous
répondrons sans trop d'humilité, qu'ignorant la sténographie,
nous ne cherchons nullement à reproduire le calque exact des
leçons dont nous rendons compte depuis trois ans (1); mais aussi
nous efforçons-nous, en revanche, de résumer les idées, de com-
menter les sentiments, mêlant parfois quelque chose de nos études
personnelles, afin de mieux redire les émotions que nous avons
partagées; heureux si nous les pouvons faire, sinon partager, du
moins comprendre à ceux qui n'ont pu entendre comme nous « la
« parole vive, souple et déliée, sans faux-pli et sans boursou-

---

(1) Journal général de l'Instruction publique. — Cours de M. Egger,
sur la Littérature grecque, et de M. Caboche, *sur la Poésie française*.

« flure » du professeur-moraliste, *homme d'esprit sous toutes les formes,* comme le dit si bien M. Sainte-Beuve (1).

Eug. Chatel.

---

(1) Et, puisque nous parlons des *Causeries du Lundi,* disons que M. de Sainte-Beuve nous paraît accepter avec trop de facilité ce jugement favorable, mais trop sévère, qui est à la fois un éloge et un blâme, blâme trop rude pour la *manière* de l'auteur, éloge trop sec pour son livre : « Il n'a pas le temps de les gâter. » Nous nous plaisons à croire que M. Sainte-Beuve n'eût point gâté son article sur M. Saint-Marc Girardin, en révisant quelques reproches, qui, pour fins et délicats qu'ils soient, ne nous paraissent pas fondés. Ainsi, lorsqu'il écrit de M. Saint-Marc Girardin : « Il a l'esprit, le cœur naturellement modérés, « et je ne lui ai jamais vu de passion, » p. 8. — Puis, se ravisant, p. 9 : « Quand j'ai dit qu'il n'avait jamais eu de passion et d'excès, je me suis « trop avancé ; il a eu, à un moment, un excès de raison. » Nous ne sommes pas de ceux qui disent que :

« Avec de *la raison,* on ne peut gâter rien. »

Mais, ce que nous tous avons vu, senti, applaudi en M. Saint-Marc Girardin, c'est la passion du beau et du bien, l'amour du foyer domestique et des saintes affections de la famille. — Pour dire le vrai, le grand défaut de M. Saint-Marc Girardin, aux yeux de M. Sainte-Beuve, c'est de n'avoir pas, comme il le dit : « Un je ne sais quoi à l'égard de « la poésie pure, de la poésie lyrique. » (p. 11.) M. Sainte-Beuve n'eût certes pas maintenu son dire, s'il eût assisté, en 1847, à l'appréciation de Quinault (a), et cet hiver de 1851 à la lecture passionnée d'une *rêverie* de J.-J. Rousseau, comparée au *lac* de M. de Lamartine. — Du reste, je devine le secret de la réserve de M. Saint-Marc Girardin, en lisant l'aveu par lequel M. Sainte-Beuve commence son charmant article sur *Hégésippe Moreau:* « Je cause rarement ici de poésie, précisément parce « que je l'ai beaucoup aimée, et que *je l'aime encore plus que toute* « *chose;* je craindrais d'en mal parler, ou du moins de n'avoir pas à en « bien parler, *à en dire assez de bien* (b). » Cette crainte légitime ne peut-elle être partagée par M. Saint-Marc Girardin ?

(a) N° 19 du vol. XVI, p. 155 du *Journal général de l'Instruction publique,* 6 mars 1847.

(b) *Constitutionnel,* 21 et 22 avril 1851.

Examen du Contrat social, style et influence de cet ouvrage.
Théorie du gouvernement.

M. Saint-Marc Girardin avait apprécié l'année dernière les grands ouvrages de J.-J. Rousseau : la *Nouvelle Héloïse* et l'*Emile*; cet hiver, il a fait l'analyse des ouvrages de polémique moins importants, au point de vue littéraire, mais fort curieux par leur prodigieuse influence sur la Révolution. Le professeur déclare qu'il ne traitera pas quelques-unes de ces grandes questions de morale et de philosophie politique quipermettent de s'orienter afin de savoir dans quelle circonstance morale on parle : « Ce n'est point parce « qu'on ne sait pas facilement l'heure qu'il est, que je ne regarde « pas au cadran; j'attache moins d'importance aux institutions « qu'aux sentiments politiques. » Puis, sans autre précaution oratoire, il aborde de front, avec sa vive franchise déterminée à tout dire, l'examen du *Contrat social* parfaitement insocial, au dire de Voltaire, qui eut souvent raison pour toutes les fois où il eut tort.

Le *Contrat social*, composé en 1754, et qui ne parut qu'en 1762, est un simple extrait des *Institutions politiques*, ouvrage inachevé auquel J.-J. Rousseau *voulait travailler toute sa vie*. Peu d'ouvrages eurent sans doute plus d'influence apparente sur les destinées du dix-huitième siècle; Lakanal, dans son rapport à la *Convention*, écrit : « Le *Contrat social* semble avoir « été fait pour être prononcé en présence du genre humain, pour « lui apprendre ce qu'il a été et ce qu'il a perdu; et l'auteur « immortel de cet ouvrage *s'est associé* en quelque sorte *à la* « *gloire de la création.* » — Aussi, depuis la déclaration des droits de l'homme jusqu'à la constitution de 93 et plus tard, nul grand acte qui ne porte l'empreinte des idées de J.-J. Rousseau : « Je ne connais, remarque Benjamin Constant, aucun système de servitude qui ait consacré des erreurs plus funestes que l'éternelle métaphysique du *Contrat social.* » La raison en est que ces théories sont présentées en axiomes tranchants, et acquièrent par là cette sorte d'unité et d'inflexibilité abstraite qui fait des symboles pour remuer les masses. Ce livre, en effet, cette « bible » du temps servit de vocabulaire politique à tous les disciples inattentifs de J.-J. Rousseau, séduits d'abord par l'attrait de la nouveauté, puis aveuglés par l'orgueil, et plus tard par la peur et la *Terreur;* ainsi qu'à ces petits tribuns de carrefours, à ces démagogues de club qui prennent leur violence pour de l'énergie, leur déclamation et leur mémoire pour du génie, lorsque, forts de la vigueur de leurs poumons, ils récitent avec impétuosité des arguments tranquillement appris dans le *Contrat social* (1).

Le procédé singulièrement hardi et déclamatoire de J.-J. Rousseau consiste à débuter par le paradoxe qu'il adresse aux préjugés de son temps, qu'il flatte et qu'il dénigre ensuite. Puis, quand il a, grâce à l'ardeur de son style et à la magie de son talent, suscité les plus dangereux sophismes, aigri les passions, quand il a déchaîné le monstre, il veut courir après son paradoxe. Mais la parole est ailée, il ne peut plus le reprendre; aussitôt qu'il entre dans les oreilles, il descend dans les cœurs, et l'œuvre se fait. — Quand on a méconnu et outragé la vérité, la déesse s'enfuit, et ce n'est plus qu'à ses dernières traces qu'on la peut reconnaître.—J.-J. Rousseau a beau vouloir réparer le mal, ses efforts sont impuissants; il crie qu'on ne l'a pas compris : « Il s'en faut « bien qu'on ait fait ce que je demandais ; on se jette toujours dans « les extrémités. » Jamais homme n'a moins voulu ce qu'il a fait : aussi était-ce avec bon sens que Mme d'Epinay lui disait : « Mon « ami, vos torts ne sont qu'une erreur de votre esprit; votre cœur « n'y a point de part. » Et Jean-Jacques dépité et mécontent comme toujours, de s'écrier : « Où diable avez-vous pris cela ? « Sachez, Madame, sachez une fois pour toutes, que je suis

---

(1) « Qui aurait dit un jour à J.-J. Rousseau que ses livres seraient « plus tard le *Catéchisme* où de tranquilles tribuns puiseraient la force « de faire naître et de dominer l'agitation du monde ? p. 397. — « J.-J. Rousseau devait être le précurseur du socialisme moderne. Ce « fut son malheur et sa gloire. » p. 399. (*Hist. de la Révolution*, par M. Louis Blanc. — 1847.)

« vicieux, que je suis né tel, et que vous ne sauriez croire la
« peine que j'ai à faire le bien, et combien peu le mal me coûte. »
J.-J. Rousseau est tellement l'ami du paradoxe, qu'il se calomnie
lui-même, et, malgré toutes les apparences de sa sincérité, il
serait vraiment désolé que nous le prissions au mot. Non, encore
un coup, J.-J. Rousseau ne réussit pas si facilement qu'il le prétend à faire le mal ; ceux qui ont lu le *Contrat social* partageront
notre avis, mais ceux-là seuls, et non ceux qui se donnent pour
l'avoir lu, et c'est le plus grand nombre. D'ailleurs, disons-le
pour n'y plus revenir, la lecture n'en est nullement attrayante ; le
style y est pédantesque, impérieux et dogmatique : on y sent la
fatigue et la gêne ; il affecte une rigueur de démonstration géométrique et une sévérité d'arguments qui ne sont rien moins qu'a-
gréables au lecteur, sans être pour cela plus convaincants ni plus
utiles au succès de ses paradoxes contradictoires (1). — Du reste,
l'essai malheureux qu'on en fit, en glissant le venin du *Contrat*

------

(1) « Rousseau, s'agitant au milieu de mille pensées contraires, a
« rassemblé sur la religion, non moins que sur la politique, de discor-
« dantes et confuses hypothèses......................................
« Il n'est résulté de ses efforts que des destructions, de ces destruc-
« tions qu'un chaos, où il a laissé sa puissante empreinte.» (*De la Religion*, par Benjamin Constant, p. 8, liv. Ier, ch. VI.)

On ne saurait trop se mettre en garde contre les contradictions de
J.-J. Rousseau, bien qu'il veuille prévenir les reproches qu'elles lui at-
tireront : « Lecteurs attentifs, ne vous pressez pas, je vous prie, de
« m'accuser ici de contradiction (p. 96, ch. IV, liv. II); je n'ai pu
« l'éviter dans les termes, vu la pauvreté de la langue; mais attendez.»
La langue de J.-J. Rousseau pauvre ! le bon apôtre ! Ce sera sans
doute encore la pauvreté de sa langue qui lui fera dire : « La loi peut
« établir un gouvernement royal et une succession héréditaire, mais
« elle ne peut élire un roi, ni nommer une famille royale.»— Quelques
lignes après, il écrit que la loi ne peut être injuste ; *puisque nul n'est*
« *injuste envers lui-même.* » J.-J. Rousseau s'oublie encore, car, combien
de fois n'a-t-il pas été injuste envers lui-même en se calomniant ; du
reste, chacun n'a pas envers soi le même genre de partialité : si l'on
peut être injuste par excès de sévérité, j'en sais beaucoup qui le sont
envers eux-mêmes par excès d'indulgence : c'est là un genre d'injustice
assez à la mode. D'ailleurs, médire de soi, est encore une manière
d'être extraordinaire dans un homme qui a voulu être singulier.

social dans la Constitution de 93 , nous est une preuve décisive ;
à peine promulguée, cette Constitution fut rapportée. — Nous ne
présageons rien de l'avenir.— Ce n'est qu'à de rares intervalles que
le lecteur patient et attentif reconnaîtra le merveilleux et ravissant
auteur des *Rêveries du promeneur solitaire* et de l'*Emile* , dans
les chapitres du *Contrat social;* nous le reconnaissons, par exemple,
lorsque, discutant *le droit de vie et de mort* , il s'interrompt sou-
dain : « Mais je sens que mon cœur murmure et retient ma
« plume ; laissons discuter ces questions à l'homme juste qui n'a
« point failli, et qui jamais n'eut lui-même besoin de grâce (1). »
Voilà bien la manière de J.-J. Rousseau, mêlant les atten-
drissements et les émotions de son cœur aux spéculations
de son esprit ; mais, sauf de bien rares exceptions, le style
du *Contrat social* est abstrait, nous disions tout à l'heure
géométrique, ajoutons algébrique, car il y est sans cesse question de *rapport*, de *double rapport*, de *quantité*, d'*exposant*,
de *moyen terme indivisible*, de *proposition continue*, de *progression*, de *moyenne proportionnelle*, etc., etc.; et tout cela pour
nous donner la valeur exacte de notre infinitésimale part de souveraineté, qui va s'amoindrissant en proportion de l'accroissement
de la nation que nous avons le microscopique honneur de gouverner (2). — Citons plutôt :

« Il suit de ce *double rapport* que la *proportion continue* entre
« le souverain, le prince et le peuple, n'est point une idée abs-
« traite , mais une conséquence nécessaire de la nature du corps

---

(1) P. 103, ch. IV, liv. II, *Edit.* Musset-Pathay, à laquelle nous ren-
verrons.

(2) Pour donner une idée du rapport établi entre la souveraineté et
le nombre du peuple, il suppose , p. 132 , un Etat de 10,000 citoyens ;
chaque membre de l'Etat n'a donc, pour sa part , que la 10 millième
partie de la souveraineté. — « Plus l'Etat s'agrandit, plus la liberté di-
« minue. » Quoi ! dans un Etat de 100,000 hommes, je n'ai que la cent
millième de l'autorité ; c'est bien peu ; et, si je suis membre d'un
Etat de 36,000,000 d'âmes, je suis atterré de la qualité homéopathique
de ma souveraineté. Et quand on me dit d'aliéner en échange toute
ma liberté, — j'ai quelque scrupule, et j'hésite.

« politique. Il suit encore que l'un de ces *extrêmes*, savoir le
« peuple, comme sujet, étant *fixe* et représenté par *l'unité*,
« toutes les fois que la *raison doublée* augmente ou diminue, la
« *raison simple* augmente ou diminue semblablement, et par
« conséquent le *moyen terme* est changé (p. 133). »

Est-ce assez? — Du courage, encore quelques lignes : — « Je n'i-
« gnore pas cependant que la précision géométrique n'a point lieu
« dans les quantités morales. » Ce qui n'empêche pas qu'il ajoute
après cet aveu, qui nous faisait espérer la fin de ces calculs : « Le
« Gouvernement est en petit ce que le corps politique qui le
« renferme est en grand. C'est une personne morale douée de
« certaines facultés, active comme le souverain, passive comme
« l'Etat, et qu'on peut décomposer en d'autres *rapports* sembla-
« bles ; d'où naît par conséquent une nouvelle *proportion*, une
« *autre* encore dans celle-ci, selon l'ordre des tribunaux, jusqu'à
« ce qu'on arrive à un *moyen terme* indivisible, c'est-à-dire à un
« seul chef ou magistrat suprême qu'on peut se représenter au
« milieu de cette progression comme *l'unité* entre la série *de*
« *fractions* et celle *de nombres* (p. 134). »

En conscience, chacun en lisant cette multiplication de termes,
pensera que J.-J. Rousseau a mauvaise grâce à dire : « Combien
« peu le mal me coûte. » Aussi nous semblait-il qu'il entrait plus
de malice que de persuasion d'être écouté dans les recommanda-
tions de M. Saint-Marc Girardin, nous répétant : « Lisez le *Con-
« trat social*, lisez-le, instruisez-vous. » Mais tout n'est pas de ce
style, et « grâce à sa logique mêlée de flamme (1), » l'influence
de J.-J. Rousseau est empreinte à chaque page de la Révolution. — Et comme il exprimait avec génie les idées confuses qui
fermentaient alors, ses théories formèrent l'opinion publique qui
prévalut à la *Constituante*, où on lui vota la statue que la *Convention*
décréta à son tour. — Mais vint le *Consulat*, qui mit entraves aux
bonnes intentions du *Directoire*, et le monument, ainsi que la
pension à la *veuve*, restèrent à l'état de projet. — Les législa-

---

(1) *Constitutionnel* du 4 novembre 1850, article de M. Sainte-Beuve sur
les *Confessions*.

teurs du temps invoquaient tous son autorité. Le vieil abbé Raynal, dans sa lettre à l'Assemblée nationale, écrivait : « Mais Rousseau ! votre ami Rousseau, cet immortel et malheureux écrivain, dont, avec raison, vous ne répétez pas le nom *sans transport.* » Hérault de Séchelles en appelait à J.-J. Rousseau, mais à qui n'en appelait-il pas, lui qui réclamait le texte des lois de Minos ! — Marat lisait et commentait le *Contrat Social* dans les promenades publiques aux applaudissements d'un auditoire enthousiaste. — Saint-Just, dans le portrait singulièrement flatté qu'il trace de l'homme révolutionnaire, qu'il représente doux, aimable, poli, modéré même, qu'il comble de tous les mérites, prend encore pour modèle J.-J. Rousseau ; soit que l'on décrète les articles de la Constitution, soit que l'on décrive l'idéal du révolutionnaire, le nom de J.-J. Rousseau et du *Contrat social* reviennent toujours. Certaines de ses idées eurent force de loi ; et pourtant J.-J. Rousseau n'avait point écrit pour la France ; il est curieux et piquant de lire comment il proteste contre l'idée d'appliquer ses doctrines aux grands Etats : « La liberté n'étant pas un fruit de tous les climats, n'est pas à la portée de tous les peuples (p. 158.) — La monarchie ne convient donc qu'aux nations opulentes ; l'aristocratie aux Etats médiocres en richesse, ainsi qu'en grandeur ; la démocratie, *aux Etats petits et pauvres* (p. 160). — Le Gouvernement se resserre, quand il passe du grand nombre au petit, c'est-à-dire de la démocratie à l'aristocratie, de l'aristocratie à la royauté. C'est là son inclinaison naturelle. S'il rétrogradait du petit nombre au grand, on pourrait dire qu'il se relâche ; *mais ce progrès inverse est impossible* » (p. 168).

J.-J. Rousseau n'écrit donc en citoyen de Genève que pour sa propre cité et pour les petits Etats. — Cherche-t-il à préconiser la liberté antique ? Nullement, car il n'en ignore pas les conditions. Certes, la liberté antique est belle, lorsqu'elle retentit dans les poëtes et dans les orateurs, avec des accents qui nous charment et nous transportent ; mais voulez-vous être libres comme les citoyens d'Athènes ou de Rome, « ayez des esclaves, » vous dit J.-J. Rousseau. A-t-il voulu blâmer ou louer ? « Quoi ! la liberté ne se maintient qu'à l'appui de la servitude ? *Peut-être.*

« Les deux excès se touchent. Tout ce qui n'est pas dans la na-
« ture a ses inconvénients, il y a telles positions malheureuses
« *où l'on ne peut conserver sa liberté qu'aux dépens de celle d'au-*
« *trui*, et où le citoyen ne peut être parfaitement libre que l'es-
« clave ne soit extrêmement esclave. Telle était la position de
« Sparte. Pour vous, peuples modernes, vous *n'avez point d'es-*
« *claves, mais vous l'êtes*. Vous payez leur liberté de la vôtre.
« Vous avez beau vanter cette préférence, j'y trouve plus de lâ-
« cheté que d'humanité. » Ce que Jean-Jacques disait, ailleurs on le
fait et l'on s'en vante. Un ouvrage curieux, écrit en 1832, sur les
Etats-Unis, par M. Achille Murat, ci-devant prince royal des deux
Siciles, prouve assez clairement que la liberté illimitée ne se maintient que par la servitude. Le planteur, en effet, dégagé du travail manuel, a plus de temps pour cultiver son esprit. En politique, le résultat n'est pas moins favorable.

Jean-Jacques ne prêchait pas plus la démocratie : « A prendre le
« terme dans la rigueur de l'acception, il n'a jamais existé de véri-
« table démocratie, et il n'en existera jamais. Il est contre l'ordre
« naturel que le grand nombre gouverne et que le petit soit gou-
« verné. » (1) Et parmi les conditions d'un tel gouvernement, il
exige : 1° *un Etat très-petit* (2) ; 2° une grande simplicité de
mœurs qui prévienne la multitude d'affaires et de discussions
épineuses (3) ; 3° ensuite beaucoup d'égalité dans les rangs et
dans les fortunes ; 4° enfin peu ou point de luxe, « il corrompt à la
« fois le riche et le pauvre, l'un par la possession, l'autre par la con-
« voitise. Il vend la patrie à la mollesse, à la vanité » (page 144).
Jean-Jacques termine son chapitre sur la démocratie par ces
mots sacramentels : *S'il y avait un peuple de* DIEUX, *il se gouver-*

---

(1) Ch. IV, liv. III, p. 143, 144 : *De la Démocratie.*

(2) Voltaire, qui se rit de tout, écrit dans ses questions sur l'Encyclopé-
die : « La démocratie ne semble convenir qu'à *un très-petit pays*, en-
« core faut-il qu'il soit heureusement situé ; *tout petit qu'il sera*, il fera
« beaucoup de fautes, parce qu'il sera *composé d'hommes.* »

(3) « Pas de discussions épineuses ; » notez ce point, et au moment
où nous écrivons ces lignes, les discussions épineuses sont partout à la
tribune ; dans les journaux, comme de raison ; dans l'Eglise ; voire même
dans les corps savants ; dans les bibliothèques ; dans les chaires, etc.

nerait démocratiquement : *un gouvernement si parfait ne convient
pas à des hommes* » (page 145.) Et voilà le pontife que les néo-
phytes démocrates ont pris pour chef d'école, qu'ils ont divinisé !
—Sérieusement, que voulait donc J.-J. Rousseau ? Il était partisan
de l'aristocratie élective. Il disait dans ses Lettres de la montagne :
« Le meilleur des gouvernements est l'aristocratique, la pire des sou-
« verainetés est l'aristocratie. (1) »—Dans son *Contrat Social*, il dis-
tingue trois sortes d'aristocratie : naturelle, élective, héréditaire.
« La première ne convient qu'à des peuples simples ; la troisième
« est le pire de tous les gouvernements ; la deuxième et la meil-
« leure, c'est l'aristocratie proprement dite. » (Page 146.) Ainsi
J.-J. Rousseau veut le gouvernement des *capables*. — Ceux qui,
vers 1840, se permettaient de croire que l'introduction des *capa-
cités* pouvait présenter quelque avantage, émettaient des opinions
hétérodoxes ; aujourd'hui, ce ne serait plus d'en haut que vien-
draient les avertissements. « Vous demandez trop » disait-on en
1840. « Vous ne demandez pas assez, » dit-on en 1851.—J.-J. Rousseau n'est cependant pas toujours un esprit systématique, il n'a
pas de principes absolus ; « chacune des formes du gouvernement
est la meilleure en certains cas, et la pire en d'autres. » Il établit que chaque peuple renferme quelque cause qui rend sa légis-
tion propre à lui seul. Il nie l'existence d'une constitution de
gouvernement unique et absolu. Chaque peuple enfante le sien ;
mais c'est une grande œuvre, c'est un profond mystère que cet
enfantement ; ne faut-il pas qu'un peuple ait alors dans ses
mœurs, dans ses croyances, dans ses convictions cette séve vi-
goureuse qui fait éclore, du cœur même de la nation, un gouvernement nouveau comme la Minerve antique sortit tout armée du
cerveau de Jupiter. Défions-nous donc des gouvernements d'occasion qui tombent du ciel, ils sont de contrebande. Et cependant,
les sectateurs de J.-J. Rousseau ne se sont pas trompés en voulant appliquer et pratiquer le *Contrat Social*, ils ne l'ont que trop

---

(1) « Légitimement la souveraineté appartient toujours au peuple,
mais le gouvernement aristocratique est le meilleur de tous. » Lettre
327 à M. Marcet. — Motiers-Travers, le 24 juillet 1762.

bien compris. Ils ont en effet, en créant des gouvernements chimériques et bientôt cruels, saisi l'idée fondamentale du *Contrat*
d'où sont sortis tous les abus et tous les périls, c'est-à-dire
l'aliénation totale, absolue et *complète* de l'individualité au profit
d'un souverain anonyme qui s'appelle l'Etat. « Ces clauses (celles
« du pacte social), bien entendues, se réduisent toutes à une
« seule, savoir : l'aliénation totale de chaque associé avec tous ses
« droits à toute la communauté. De plus, l'aliénation se faisant
« sans réserve, l'union est aussi parfaite qu'elle peut l'être et nul
« associé n'a plus rien à réclamer..... » (Chap. VI, liv. I, p. 78.)

L'Etat est souverain absolu, nulle loi obligatoire pour le corps
du peuple, et nulle garantie pour les sujets. — Nous n'aurions
qu'à opposer J.-J. Rousseau à lui-même, quand il dit : « Re-
« noncer à la liberté, c'est renoncer à sa qualité d'homme, aux
« droits de l'humanité, même à ses devoirs. Il n'y a nul dédom-
« magement possible pour quiconque renonce à tout. Une telle
« renonciation est incompatible avec la nature de l'homme et
« c'est ôter toute moralité à ses actions que d'ôter toute liberté à
« la volonté. » (P. 71, chap. IV, liv. I.)

Ainsi, cet état, nous l'avons créé par l'aliénation individuelle,
par le suicide. Non, le suicide ne produit rien. Il appartient assurément à l'homme de contribuer à la perpétuité des êtres humains, comme à la perpétuité des pensées, mais quand l'homme
crée, il ne s'immole pas ; — une fois ce pouvoir absolu fondé, il
absorbera tout, personnes et propriétés ; peu importe le nom de
cette souveraineté absolue, il y a bien des sortes de tyrans, mais
il n'y a qu'une seule tyrannie, c'est cette tyrannie qu'il faut dé-
tester. M. Saint-Marc Girardin, pour rendre sa pensée plus vive,
rappelle la scandaleuse effronterie avec laquelle Desmarets, le
contrôleur général, proposa à Louis XIV la dîme royale, non plus,
ainsi que le voulaient le maréchal de Vauban (1) « et le pauvre »

---

(1) « Projet d'une dixme royale qui, supprimant la *taille*, les *aydes*,
les *douanes* d'une province à l'autre, les *décimes* du clergé, les affaires
extraordinaires, et tous autres *impôts* onéreux et non volontaires : et

Boisguilbert, pour supprimer taille et corvée, mais bien comme surcroît des plus énormes impôts. Le roi en fut d'abord épouvanté et attristé au point de faire craindre pour sa santé ; mais après huit ou dix jours, le roi reprit son calme accoutumé et dit à Maréchal que : outre la compassion, les scrupules de prendre ainsi les biens de chacun l'avaient fort tourmenté ; qu'à la fin, il s'en était ouvert au Père Tellier qui, après consultation des plus habiles docteurs de Sorbonne, vint déclarer nettement au roi que tous les biens de ses sujets étaient à lui en propre :

« Vos scrupules font voir trop de délicatesse. »

Le roi, *mis fort au large* par le P. Tellier et sa consultation de Sorbonne, ne douta plus que tous les biens de ses sujets ne fussent siens. Il ne fit donc plus de difficulté de les prendre à toutes mains et en toutes sortes. « Ainsi, le mardi matin 30 septembre « 1710, Desmarets entra au conseil des finances avec l'édit du « *dixième* dans son sac... Ainsi fut bâclée cette sanglante affaire « et immédiatement signée, scellée, enregistrée parmi les san- « glots suffoqués et publiée parmi les plus douces, mais les plus « pitoyables plaintes, » observe l'inexorable témoin (1). Evidemment, avant d'écrire son chapitre VI, J.-J. Rousseau avait lu la consultation des docteurs de Sorbonne. — Mais peu nous importe d'où vienne la décision, il la faut rejeter dès quelle est arbitraire et tyrannique. Aussi le professeur s'attache-t-il à combattre cette odieuse théorie de l'Etat, qui de toutes les fausses doctrines du dix-huitième siècle est la plus fatale. J.-J. Rousseau fait du législateur une sorte de fondateur d'ordre religieux. C'est un couvent qu'il veut fonder, c'est une règle qu'il veut établir ; et l'ennemi qu'attaque le fondateur d'un ordre religieux,

---

diminuant le prix du *sel* de moitié et plus, produirait au roy un *revenu certain et suffisant*, sans frais ; et sans être à charge à l'un de ses sujets plus qu'à l'autre, qui s'augmenterait considérablement par la meilleure culture des terres. » — Par M. le M^{al} de VAUBAN, *chevalier des ordres du roy, commissaire général des fortifications et gouverneur de la citadelle de Lille.* MDCCVII.

(1) Saint-Simon, t. IX, p. 42-51.

c'est la volonté et la liberté humaine, car le murmure d'une volonté rebelle détruirait la discipline. Mais, au couvent, l'abdication de notre liberté est avant tout un acte essentiellement libre; c'est sa vocation qui fait le sacrifice de sa volonté, lorsque Mme de la Vallière, s'adressant à la supérieure des Carmélites, lui dit : « Ma « mère, je viens déposer entre vos mains ma liberté, dont je n'ai « jamais su que faire. » Ce sacrifice a, du moins, pour compensation, l'espoir d'une vie éternelle. Je conçois l'échange. Mais que peut offrir l'Etat ? Le repos, l'ordre, le calme, la régularité, — certes, ce sont biens fort désirables en soi. « Mais le repos sous le despotisme n'est que l'impuissance dans le désespoir ! » (1). Et qui donc leur sacrifierait sa propriété, sa famille, sa liberté de conscience ? Si quelque chose bat au fond de notre cœur, en face de l'Etat sachons être nous-mêmes ; autrement ce serait nous sacrifier sans retour, inutilement et lâchement.

L'erreur fondamentale de J.-J. Rousseau vient de ce qu'il a cru qu'il y avait quelque part sur la terre une souveraineté illimitée et absolue, il n'a pas su reconnaître que le *droit* ne peut s'incarner ni dans un homme ni dans plusieurs. Il y a en effet deux lois entre lesquelles il se faut décider : la loi politique et la loi individuelle, la loi que prescrit l'Etat, et celle des devoirs sacrés, des droits inaliénables qui relèvent de la conscience. Confier notre morale à la loi de l'Etat, n'est-ce pas risquer d'en changer bien souvent ? La loi de l'Etat a beaucoup d'éditions corrigées, augmentées ; et il n'y a de vraie *loi morale* que celle de la conscience, car elle est celle de Dieu. C'est donc sans trop d'orgueil que chacun de nous peut et doit opposer le moi à l'Etat, quand à côté du moi se trouve Dieu. Mais dans la destruction que J.-J. Rousseau a voulue, ce n'est pas seulement la famille, la propriété, la liberté qui ont disparu tour à tour, c'est aussi le droit d'avoir un culte entre soi et Dieu ; car J.-J. Rousseau nous prescrit et nous impose *une religion civile* obligatoire, un catéchisme au nom de l'Etat.

---

(1) *De la Force du Gouvernement actuel de la France et de la nécessité de s'y rallier* (1796, p. 108), par Benjamin Constant.

II. — *De la religion d'Etat.*

Certes, de toutes les propriétés de l'homme, la plus sacrée, la plus inviolable, est celle de sa propre pensée, et surtout de la pensée religieuse. Si nous prenons l'homme quand il n'est pas arrivé au développement complet de ses facultés, soit à cause de l'âge ou des nécessités du travail et de la gêne, nous pourrons croire que la pensée religieuse n'est pas la plus nécessaire, la plus quotidienne de ses occupations ; mais, une fois parvenu au parfait épanouissement de son intelligence, l'homme ne reporte-t-il pas toujours sa pensée vers le Créateur? S'imaginer que jamais on ne s'inquiète d'où l'on vient, où l'on va, et que nous bornons notre curiosité aux choses de la terre, c'est étrangement méconnaître la nature humaine. Nous sentons que Dieu s'abaisse jusqu'à nous, et c'est ce qui témoigne le plus de la grandeur de Dieu. « *Deus in minimis.* »

Et, s'il en est ainsi, les Etats et les nations sont aussi devant Dieu ; — il n'y paraît pas toujours ; — mais, ce qui est le privilége de ma nature, ce n'est pas que je sois devant Dieu comme faisant nombre dans un vaste Etat, mais comme ayant une âme libre. Par suite de l'union qui existe entre la nature de Dieu et la nature de l'homme, quand l'homme se dégrade, Dieu est dégradé. Eh bien, c'est ce qui a lieu dans le système de J.-J. Rousseau, lorsqu'il confisque la pensée religieuse au profit de l'Etat ; l'homme sera dès lors partout conduit et maîtrisé même devant Dieu ; une fois entrés dans l'Etat de J.-J. Rousseau : « Laissez toute espérance :

> Per me si va nella *città dolente :*
> Per me si va nell' *eterno dolore :*
> Per me si va tra la perduta gente...
> . . . .
> Lasciate ogni speranza, voi ch' entrate.

Vous ne paraîtrez plus devant Dieu avec cette âme immortelle et indépendante que vous avez reçue de lui, mais avec une âme déprimée comme celle de l'esclave.

Jésus-Christ en disant: « *Reddite quœ sunt Cœsaris Cœsari* , » a séparé les deux domaines théologique et politique; c'est là une très-grave faute au dire de **J.-J. Rousseau**, qui veut ramener le culte à l'unité politique, « sans laquelle jamais Etat ni Gouvernement « ne sera bien constitué, » car, en établissant sur la terre un royaume spirituel, Jésus-Christ fit que l'Etat cessa d'être un, et « *causa les divisions intestines qui n'ont jamais cessé d'agiter les* « *peuples chrétiens* (p. 227).

Est-ce donc que l'histoire ancienne ait quelque chose à reprocher en cela à l'histoire moderne? Quoi! il n'y a de divisions intestines que depuis le christianisme? Autant admettre le singulier proverbe : « *Pluvia defit, causa Christiani.* » Il ne pleut pas, c'est la faute des chrétiens (1).

Comme si l'homme sous toutes les lois cessait d'être homme, — seulement, il a en lui-même une force plus ou moins grande. Les hommes d'élite ont toujours pensé qu'il y avait « deux domaines « distincts, la cité de Dieu et la cité des hommes (2), » comme dit saint Augustin, qui nous font appartenir à l'Etat par la loi, mais au ciel par la conscience.

Il y a des religions d'Etat, des souverains à la fois papes et Césars; il y a des unités politiques comme en Angleterre et en Russie; mais, de tous les systèmes absolus, celui qui décrète un catéchisme au nom de l'Etat, est le plus oppressif. **J.-J. Rous**seau dit que son catéchisme n'aura « que des dogmes simples, en petit nombre, énoncés avec précision, sans explications ni commentaires (3). » — Quoi! vous aurez choisi parmi les mystères ceux que votre raison daigne admettre, et avec le poids de vos 36,000,000 d'hommes vous écrasez ma conscience individuelle! **J.-J. Rousseau** exècre le christianisme, parce qu'il

---

(1) Ch. III, liv. II, Cité de Dieu. En vérité, nous ne pouvons que renvoyer aux chap. XXIX, XXX et XXXI du IIIe livre de la Cité de Dieu, où saint Augustin trace le tableau des guerres, fléaux et désastres qui désolèrent les païens avant l'avénement de J. C., sans qu'ils eussent l'idée d'en attribuer la cause à leurs dieux.

(2) Ch. II, liv. XI ; ch. Ier, liv. XVIII.

(3) *De la religion civile*, ch. VIII, l. IV, p. 237.

s'impose ; et lui, J.-J. Rousseau, veut m'imposer les dogmes de sa *religion civile*. Tantôt je dépasserai le lit de Procuste de ses formules, tantôt je ne l'atteindrai pas, et toujours je ne serai qu'un rebelle, toujours « banni, « *sacer esto*, » non comme impie, mais « comme insociable, comme incapable d'aimer sincèrement les « lois, la justice, et d'immoler au besoin ma vie à mon devoir (1). » — Ainsi, me voilà à la fois taxé de trahison, de parjure et de lâcheté.

Et cette théorie fut pratiquée par les membres de la Convention, qui, dans un moment de vertige, firent à Dieu l'honneur de le décréter au scrutin du 18 floréal an ii (7 mai 1794). Sans contester ce décret, nous prétendons que ce jour-là la loi est sortie de sa compétence ; ce sont nos remords, nos appréhensions et nos espérances qui décrèteront Dieu, et non certes un vote au scrutin, car ce décret est aussi scandaleux que ridicule. Si c'est là un hommage divin, qu'est-ce donc qu'un sacrilége !

J.-J. Rousseau ne fait d'ailleurs que poursuivre l'application de sa théorie ; il s'acharne à extirper de notre âme abâtardie les derniers vestiges de l'indépendance que sauvegarde le christianisme. Une fois le char lancé sur les rails des lois, il écrase tout ce qui fait obstacle. — Ce champ m'était doux et sacré, mes pères y ont vécu : c'est là que j'avais placé mes foyers, vous me l'avez pris ; soit, vous êtes l'Etat. Vous m'avez pris la direction de ma famille, vous avez brisé tous les liens du sang, vous êtes entré à mon foyer, vous étranger, pour me dire :

> Hæc mea sunt ; veteres migrate coloni (2).

Oh ! le cœur saigne bien plus ; quoi ! je ne serai plus le pontife de ma famille ! Soit, vous êtes le maître. Mais qu'il me reste au moins la bien faible part de liberté que je réserve dans le secret de ma conscience, quand j'élève mes yeux et mon cœur

---

(1) P. 237. Il ajoute : « Que si quelqu'un, après avoir reconnu publiquement ces dogmes, se conduit comme ne les croyant pas, *qu'il soit puni de mort.* » Deux siècles auparavant, Calvin avait accusé d'hérésie Michel Servet, et Michel Servet fut brûlé vif, le 26 octobre 1553.

(2) Eclog. IX, v. 4. Virgil.

vers le ciel. — Mais l'Etat intervient pour me défendre de chercher la liberté, même au delà de cette terre : « Non, tu n'auras pas « même cela, je te le défends, je suis l'Etat. Tout m'appartient, « j'ai mis mon empreinte sur ton âme. Il n'y a plus rien de toi « qui ne soit à moi. » C'est ainsi qu'on a marché d'usurpation en usurpation jusqu'à ce terme fatal où rien de ce qui appartient à l'homme ne reste plus à l'homme. Quand cette tyrannie se fut imposée à la France, la France ne résista pas aux oppresseurs ; alors eurent lieu ces processions lugubres vers l'échafaud ; je m'explique la résignation des victimes, elles avaient hâte de sortir de la terre pour se réfugier dans le sein de Dieu. — Cette espérance ne diminue en rien l'horreur pour les bourreaux ni l'admiration pour les martyrs. Que de tels exemples ne soient point perdus ! Il faut sauver notre indépendance individuelle, et, avant tout, être et rester nous-mêmes, avec nos convictions politiques et religieuses, quelles qu'elles soient, pour ne point disparaître dans cette chimère de l'État despote que rêve je ne sais quelle secte du socialisme moderne. — Le grand combat n'est pas entre telle ou telle forme gouvernementale, il est entre l'aplatissement des âmes et l'insolence des lois qui se croient tout permis. Il nous faut donc préparer à cette lutte avec des sentiments fermes, c'est-à-dire avec des sentiments chrétiens.

J.-J. Rousseau entasse contradictions sur contradictions dans le procès en forme qu'il fait au christianisme, qu'il appelle la religion de l'homme en opposition avec la religion de l'Etat ; tantôt il lui reproche de sauvegarder notre indépendance et tantôt de nous énerver. Mais son plus grand grief c'est que : « cette religion n'ayant nulle relation particulière avec le corps politique, « laisse aux lois la seule force qu'elles tirent d'elles-mêmes sans « leur en ajouter une autre (p. 232). » Jean-Jacques explique la cause des persécutions contre les chrétiens pour leur insoumission et leur indépendance (p. 228). Puis tournez quelques feuillets : « Le christianisme ne prêche que servitude et dépendance... Les « vrais chrétiens sont faits pour être esclaves. Je ne connais point « de troupes chrétiennes... Les pieux chrétiens seront battus, « écrasés, détruits, ou ne devront leur salut qu'au mépris

« que leur ennemi concevra pour eux....... (page 235). »
Voilà une accumulation d'injures qui soulèveraient le cœur si
elles ne faisaient pitié. — Nous en demandons pardon à J.-J.
Rousseau, il ne fait que répéter les rapsodies d'une vieille controverse. Saint Augustin avait répondu à tous ces reproches (1).
Il va même jusqu'à justifier la guerre : « Chacun ici-bas a sa
« mission, le prêtre prie, le soldat combat. » L'Evangile ne conseille pas au soldat d'abandonner son drapeau, et l'on n'est pas
chrétien parce qu'on est lâche. Relisez donc la *politique tirée de*
l'Ecriture Sainte, où Bossuet établit que : « Il y a des occasions
« où la gloire de mourir courageusement vaut mieux que la
« victoire. La gloire soutient la guerre.—Ceux qui savent courir
« pour leur pays à une mort assurée, y laissent une réputation de
« valeur qui étonne l'ennemi, et par ce moyen ils sont plus utiles
« à leur patrie que s'ils demeuraient en vie. C'est ce qu'opère l'a-
« mour de la gloire. Mais il faut toujours se souvenir que c'est la
« gloire de défendre son pays et sa liberté... — Les Machabées
« disaient : Ne vaut-il pas mieux mourir en combattant, que de
« voir périr devant nos yeux notre pays, abolir nos saintes lois?
« Arrive ce que le ciel en a résolu. Et le courageux Judas : Lais-
« sons à nos frères l'exemple de mourir pour nos saintes lois, et
« que la mémoire de notre valeur fasse trembler ceux qui vou-
« dront *attaquer des gens si déterminés à la mort.* » (Liv. IX, voir
1ʳᵉ proposition.)—De plus, disons-le fermement, le christianisme
seul peut, selon nous, sauver la société, parce que, ne livrant pas
tout l'homme à l'Etat, il lui impose, en dehors des prescriptions de
la loi, des obligations particulières, et lui crée des devoirs de
conscience dont l'accomplissement garantit le salut des Etats.
S'il n'y avait pour sauver les empires que ceux à qui ce soin est

---

(1) Lettre 138 à Marcellin. T. II, p. 620, fin du 14ᵉ §. Misericorditer
enim, si fieri posset, etiam bella gererentur a bonis , ut licentiosis
cupiditatibus domitis hæc vitia perderentur.... 15 §. Nam si Christiana
disciplina omnia bella culparet, hoc potius militibus consilium salutis
petentibus in Evangilio diceretur, ut abjicerent arma, seque omnino.
militiæ subtraherent. Dictum est autem eis : Neminem concusseritis,
nulli calumniam feceritis ; sufficiat vobis stipendium vestrum.—Militare
utique non prohibuit.—T. III, 906, VII, 10 et 55, 206, liv. VIII, 626, etc.

commis par les lois, s'il n'y avait dans chaque famille toutes ces forces vives, toutes ces vertus cachées, mais toujours agissantes, qui travaillent sans orgueil au maintien de la société, il nous faudrait désespérer de l'avenir et gémir sur le présent. Eh bien ! ce qui affermit les devoirs privés, c'est la doctrine chrétienne, et c'est là notre sécurité et notre consolation.

A côté de cette doctrine de l'aliénation totale qui livre l'individu pieds et poings liés à l'Etat, se dresse une autre doctrine non moins redoutable. C'est la croyance qu'il y ait quelque part sur la terre une souveraineté absolue et illimitée. Benjamin Constant dit qu'il y a des masses trop pesantes pour la main de l'homme. La souveraineté illimitée est une de ces masses. C'est de Dieu que vient le pouvoir, c'est à lui seul que revient l'autorité : *Adveniat regnum tuum.* — Il n'y a que le règne de Dieu qui soit légitime. Mais ce règne, combien l'usurpent ! «Ah! s'écrie M. Saint- « Marc Girardin, je sais bien le sophisme du droit divin et du « droit populaire. Dieu passe dans un homme ou une race, ou « dans un peuple. Que ferai-je en face de ce souverain immense, « que deviendra ma liberté ? — Encore si le souverain ne voulait « jamais déléguer sa souveraineté, je m'accommoderais du sou- « verain titulaire! » Mais il y a des jours où la souveraineté sort du peuple qui l'abdique en faveur d'un homme ou de quelques-uns. La nation se fait individu, ou comité de *Salut public*, ou Gouvernement provisoire, ou Ville de Paris. N'a-t-on pas vu afficher cette proclamation : « *La ville de Paris se déclare solidaire* « *des intérêts de la France !* » Qui ne comprend le danger de la souveraineté illimitée, quand elle se fait homme ou ville? Il ne faut plus lui demander ni modération ni réserve; il ne faut attendre que fanatisme et cruauté des partis parlant au nom du peuple. Tout doit s'incliner, — à genoux, le peuple a parlé; c'est-à-dire quelques hommes acclamés par quelques voix ont parlé. « Silence aux profanes, *væ victis*. » Si l'on ne parlait qu'à un seul homme, on pourrait encore l'avertir et le toucher; le cœur humain bat toujours sous les poitrines les plus tyranniques; mais, en face de cet être multiple qui s'appelle peuple, il faut se taire et partir à la frontière pour n'être point esclave. — En vain

J.-J. Rousseau essaie de soutenir l'homme et de restreindre ce terrible pouvoir ; il a eu peur du monstre qu'il venait de créer ; mais comment donc arrêter le coursier et brider le lion !

« Et savez-vous pourquoi je combats cette souveraineté de « l'Etat, c'est-à-dire le socialisme ? 1° C'est que vous cherchez « combien de fois vous serez souverains, moi, combien je serai « sujet. On subit la souveraineté plus qu'on ne l'exerce ; 2° c'est « que chacun veut sauver la souveraineté pour l'avoir. On ne la « détruit pas, on la conquiert. »

Cette doctrine de l'Etat est redoutable, parce qu'elle a en nous deux mauvais alliés : l'orgueil de la domination et l'espoir de la conquérir.

La souveraineté illimitée, nous la détestons tous, à moins que quelqu'un n'espère l'avoir, puisque nous avons tous en nous un petit coin de tyran. On la déteste jusqu'à ce qu'on se l'approprie ; mais, ce jour-là, on la trouve excellente, — nous sommes si peu gouvernables, que celui qui nous gouverne tant bien que mal a un grand mérite ; il faut bien se dévouer après tout !

« J'ai entendu dire qu'il y avait un peuple qui, étant entré dans un palais, avait pris le trône et l'avait brûlé. — Non, il se l'est partagé ; on ne détruit pas les trônes, on les prend pour s'y asseoir. On ne détruit pas le pouvoir, on l'usurpe.

« La souveraineté absolue commence avec grandeur et majesté, mais bientôt, hélas !

« Desinit in piscem mulier formosa superne. »

Assurément si le pouvoir absolu, qui commence au ciel, ne finissait pas dans un faubourg, s'il ne quittait la pourpre ni la tiare, on pourrait s'y résigner par découragement. Mais ne l'oublions pas, Charlemagne prend à Rome la couronne impériale, fait consacrer son pouvoir par le Souverain Pontife ; Louis XIV, se drapant dans les replis de sa pourpre royale, dit : « l'Etat, c'est moi. » Le temps passe, et la couronne de Charlemagne et la pourpre de Louis XIV tombent aux mains de Lazare révolté, non pas du Lazare de l'Evangile, mais du Lazare de l'émeute.

Telles sont les destinées de la souveraineté absolue ; pour n'en être point tôt ou tard les victimes, ne la cherchons pas sur la terre, rendons-la à Dieu à qui seul elle appartient, et plaçons-en le sanctuaire dans notre conscience. Elle seule sauvegarde notre dignité, elle seule nous éclaire sur la légitimité de nos droits et sur l'étendue de nos devoirs envers notre patrie et envers nous-mêmes.

Vieillesse de J.-J. Rousseau. Ses diverses retraites.

Avant de résumer les réflexions que suggèrent à M. Saint-Marc Girardin les seize dernières années de la vie de J.-J. Rousseau, il nous semble utile, pour mettre plus d'unité dans notre esquisse, et surtout pour bien saisir le caractère de J.-J. Rousseau, de suivre ce malheureux auteur dans les divers asiles, où il essaya en vain de s'assurer un repos qu'il ne trouva nulle part, parce que, changeant toujours de climat, il ne change jamais d'humeur (1), et que partout :

« Le chagrin monte en croupe et galope avec lui. »

Deux mois après le *Contrat social* parut l'*Emile*, en mai 1762. Le parlement proscrit l'ouvrage, et lance, en juin, un décret de prise de corps contre l'auteur. J.-J. Rousseau, loin de prendre la chose aussi bien que les *philosophes* de son temps, enchantés d'un scandale si flatteur pour leur vanité, croit l'Europe entière liguée contre lui, des milliers d'ennemis occupés dans l'ombre à dénaturer ses ouvrages, à noircir sa mémoire et à consommer sa ruine (2).

---

(1)«*Cœlum, non animum mutant, qui trans mare currunt.*» Hor., Ep. XI. V. 27, liv. I.

(2) « L'époque du décret contre ma personne me parut avoir été celle d'une sourde trame contre ma réputation, qui, d'année en année, étendit doucement ses menées, jusqu'à ce que mon départ pour l'Angleterre, les manœuvres de M. Hume et la lettre de M. Walpole les mirent plus à découvert; jusqu'à ce qu'ayant écarté de moi tout le monde, hors les fauteurs du complot, on put me traîner dans la fange, ouvertement et impunément. » (Lettre 923. Paris, 23 novembre 1770, à M. le D. M.). « Tandis que mon cœur ouvert et confiant s'épanchait avec « des amis et de frères, *les traîtres m'enlaçaient en silence de rets forgés* « *au fond des enfers...* Traîné dans la fange sans jamais savoir par qui, « ni pourquoi, plongé dans un abîme d'ignominie, enveloppé d'horribles « ténèbres à travers lesquelles je n'apercevais que de sinistres objets, à « la première surprise je fus terrassé... » Quelques pages après, il parle

Dès lors poursuivi, ou plutôt se croyant poursuivi, J.-J. Rousseau erre d'étape en étape, de retraite en retraite, en butte à toutes les terreurs chimériques de son imagination « effarouchée », qui lui montre « tous ceux qui gouvernent l'Etat, tous ceux qui dirigent l'opinion publique, tous les gens en place, tous les hommes en crédit triés comme sur le volet parmi ceux qui ont contre *lui* quelque animosité secrète, pour concourir au commun complot (1); » et—pourtant, il trouve partout bon accueil et bienveillance; grâce à l'amitié dont l'honorait le maréchal de Luxembourg, tout est disposé pour son évasion, à laquelle personne, pas même les huissiers du parlement, ne songe à faire obstacle. « Entre La Barre et Montmorency, je rencontrai quatre hommes en noir qui me saluèrent en souriant (2) » : c'était les exempts qui venaient l'arrêter; ils le laissèrent tranquillement aller. J.-J. Rousseau s'enfuit, mais à petites journées, sans se fatiguer, et arrive enfin à Yverdun, cette *terre de justice et de liberté* qu'il ne fallait jamais quitter (3). Cet autre Alceste veut pester tout à son aise :

> Et parfois il *lui* prend des mouvements soudains
> De fuir dans un désert l'approche des humains.

Il écrit avec délices : « Je vais errer dans ces montagnes, jusqu'à ce que j'y trouve *un asile assez sauvage* pour y passer en paix le reste de mes misérables jours » (4). — Mais, quelques semaines après, il est averti qu'aux pressantes sollicitations du conseil de Genève, le sénat de Berne doit lui intimer l'ordre de sortir, sous quinzaine, du territoire de la république, « cette

---

encore de son « cœur serré de détresse, de son âme affectée par les ennuis, de son imagination effarouchée, de sa tête troublée par tant d'affreux mystères... « Puis encore de « l'animosité toujours active de *toute la génération présente*, et des indignités dont elle l'accable...»(3e Rêverie du promeneur solitaire.)

(1) 3e Rêverie.
(2) *Confessions*, part. II, liv. XII, 1762. P. 613, édition Charpentier.
(3) Lettre 307 au maréchal de Luxembourg, 16 juin 1762.
(4) Lettre 306 à M. Moultou Yverdun, 15 juin 1762.

terre homicide. » J.-J. Rousseau se retire à Motiers-Travers (1), dans les Etats du roi de Prusse, où, sûr de l'amitié de milord maréchal et de la protection du grand Frédéric (2), il renonce tout à fait à la littérature, se métamorphose en Arménien, et fabrique des lacets devant sa porte. Il communie d'abord avec l'agrément du pasteur, qui ameute plus tard contre lui la populace, et se « fait ouvertement capitaine de coupe-jarrets » (3). J.-J. Rousseau

---

(1) Lettre 319 au même.—Motiers-Travers, 11 juillet 1762 : « J'y prends « haleine jusqu'à ce qu'il plaise à *Messieurs* Voltaire et Tronchin de « m'y poursuivre. — Du reste, c'est le *polichinelle* Voltaire et le *com-* « *père* Tronchin, qui, tout doucement et derrière la toile, ont mis en « jeu toutes les autres marionnettes de Genève et de Berne ; celles de « Paris sont menées aussi, mais plus adroitement encore, par un autre « arlequin que vous connaissez bien. » Ecrit-il à Mme la maréchale de Luxembourg : « Reste à savoir s'il y a aussi des marionnettes à Berlin. « Je vous demande pardon de mes folies ; mais dans l'Etat où je suis il « faut s'égayer ou s'égorger. » (Lettre 325, 21 juillet 1762. Motiers-Travers).

(2) Il écrit à Milord-Maréchal pour rejeter les offres d'une maison et d'une pension que lui veut donner le roi de Prusse : « *J'ai de quoi vivre* « *deux ou trois ans*, et jamais je n'ai poussé si loin la prévoyance : mais « fussé-je prêt à mourir de faim, j'aimerais mieux, dans l'état actuel « de ce bon prince, et ne lui étant bon à rien, *aller brouter l'herbe et* « *ronger les racines* que d'accepter de lui un morceau de pain. Que ne « puis-je bien plutôt, à l'insu de lui-même et de tout le monde, aller « jeter la pite dans un trésor qui lui est nécessaire et dont il sait si « bien user ! Je n'aurais rien fait de ma vie avec plus de plaisir. Lais- « sons-lui faire une paix glorieuse, rétablir ses finances, et revivifier ses « Etats épuisés ; alors, si je vis encore, et qu'il conserve pour moi les « mêmes bontés, *vous verrez si je crains ses bienfaits.*» — Lettre 347, 1er novembre 1762. Les premiers et les derniers mots de ce passage nous remettent en mémoire quelques mâles et fières paroles de la lettre de Montaigne à Henri IV (*a*) : « Je suis, sire, *aussi riche que je me* « *souhaite.* Quand j'auray espuisé ma bource au près de votre majesté, « à Paris, je prendray la hardiesse de le luy dire, et lors, si elle m'es- « time digne de me tenir plus longtemps à sa suitte ; *Elle en aura meil-* « *leur marché que du moindre de ses officiers.* » Voilà qui est simple, antique et nullement déclamatoire.

(3) Lettre 606 à M. d'Ivernois. Neuchâtel, 10 septembre 1765.

(*a*) *Journal général de l'Instruction publique*, 4 novembre 1846.

se réfugie alors dans l'île *de Saint-Pierre*, qu'il peuple d'une colonie de lapins (1), et où il se trouve si joyeux et si à l'aise en face de cette riante nature, dont l'aspect enchanteur lui donne des « ravissements et des extases », et dont les charmes l'enivrent de telles jouissances, qu'il supplie le bailli de Nidau d'intercéder auprès de *leurs excellences* pour qu'elles daignent, au nom de l'humanité, lui assigner cette prison ; il se soumet à n'avoir ni papier, ni plume, ni aucune communication au dehors, afin de jouir enfin de quelque tranquillité (2). Mais l'ordre des excellences neufchâteloises le chasse encore de cette retraite ; Jean-Jacques, attiré par les pressantes sollicitations des habitants de Bienne, se décide à y passer tranquillement l'hiver (3). Hélas ! le lendemain il lui faut abandonner cette espérance, et gagner au plus tôt Bâle, où il arrive malade, puis Strasbourg : « J'arrive excédé, rendu ; mais enfin j'arrive, et grâces à vous, écrit-il à M. de Luze, dans une maison où je puis reprendre haleine à mon aise...... Je ne sais au reste comment m'accueilleront les *Français*, mais, s'ils font tant que de me chasser, .. ils s'y prendront moins brutalement que les *Bernois* (4). » Sa bonne opinion fut de tous points justifiée, on ne peut rien ajouter aux marques de bienveillance, d'estime et même de respect qu'on lui prodigue, depuis M. le maréchal et les chefs du pays jusqu'aux derniers du peuple. Il n'est pas jusqu'aux prêtres qui ne semblent vouloir renchérir encore sur les autres (5).

Quant au directeur du spectacle, il lui a donné une loge gril-

---

(1) V. la 5ᵉ rêverie qui est un véritable hymne à la nature.

(2) Lettre 616 à M. de Graffenried. Ile de Saint-Pierre, 17 octobre 1765 : « Toutes les passions sont éteintes dans mon cœur ; il n'y reste « que l'ardent désir du repos et de la retraite ; je les trouverais dans « l'habitation que je demande. Délivré des importuns, à couvert de « nouvelles catastrophes, j'attendrais tranquillement la dernière. »

(3) Lettre 620 à M. du Peyrou, 27 octobre 1765. — Lettre 621, 28 octobre. Lettre 622, 30 octobre.

(4) Lettre 623 à M. de Luze, 4 novembre.

(5) Lettre 624 à M. du Peyrou, 5 octobre ; Lettre 626, 17 novembre 1765.

lée, lui a fait faire une clef d'une petite porte pour entrer incognito, il fait jouer les pièces qu'il juge pouvoir lui plaire, et le public applaudit le *Devin du village ;* bref, « je me repose avec le plaisir qu'on a de *se retrouver parmi des humains, en sortant du milieu des bêtes féroces.* J'ose dire que, depuis le commandant de la province jusqu'au dernier bourgeois de Strasbourg, tout le monde désirerait de me voir passer ici mes jours ; *mais telle n'est pas ma vocation* (1). » Sa vocation était de changer, de changer toujours, et de ne vouloir jamais être où il était, sans désirer être où il n'était pas. — Se croyant hors d'état de soutenir la route de Berlin, il cède aux vives instances de Mmes de Verdelin et de Boufflers, aux offres de David Hume, et lui écrit : qu'il partira dans cinq jours de Strasbourg pour aller se jeter entre ses bras ; c'est le conseil de Milord-Maréchal ; c'est celui de Mme de Boufflers ; « enfin, j'ose dire, c'est celui de mon cœur qui se plaît à devoir beaucoup *au plus illustre de mes contemporains,* dont la bonté surpasse la gloire (2). » Trois ans auparavant, il écrivait de Motiers-Travers : « L'estime de cet *homme unique* efface tous les outrages dont on m'accable. M. Hume était l'*homme selon mon cœur* » (3). Aussi J.-J. Rousseau n'hésite plus, il oublie qu'il avait dit dans cette même lettre, où il rendait hommage à Hume, « qu'il faut être *buse* pour aller vivre en Angleterre, mal voulu du peuple anglais » ; il se rend à Paris faire ses préparatifs. M. le prince de Conti l'y reçut avec magnificence, pour donner un témoignage public de l'estime, dont il honorait J.-J. Rousseau (4). Il désirait même l'établir dans un de ses châteaux ; mais J.-J. Rousseau, avide de changement, quoiqu'il en dise, part le *cœur plein de David,* avec M. de Luze, pour Londres, où il séjourne quelques jours. — Les manières anglaises sont fort de son goût ; « ils savent marquer de l'estime sans flagornerie ; ce sont les antipodes du babillage de

---

(1) Lettre 631 à M. d'Ivernois, 2 décembre.
(2) Lettre 632 à M. David Hume, 4 décembre 1765.
(3) Lettre 332 à Mme la comtesse de Boufflers. Motiers-Travers, août 1762.
(4) Lettre 639 à M. du Peyrou. Paris, 24 décembre 1765.

Neufchâtel. » —Le secret de la bonne opinion de J.-J. Rousseau se devine dans cette confidence apparente : « Mon séjour ici fait plus « de sensation que je n'aurais pu croire. M. le prince héréditaire, « beau-frère du roi, m'est venu voir, mais incognito, ainsi n'en « parlez pas (1). » Deux jours après, J.-J. Rousseau attend à Chiswick le moment de gagner Wootton, d'où il écrit à Hume avec une effusion de reconnaissance toute charmante au début de la lettre, à la fin de laquelle il glisse les mots de « *vanité obli-« geante* et de *petites ruses* qui ne peuvent avoir un bon principe, « quand elles se tournent en piége contre la simplicité (2). » Cette reconnaissance devint bientôt de la haine, car il ne douta plus que toute l'Angleterre ne fût conjurée contre lui, que « ce misérable Walpole et son digne camarade (Hume, l'*homme selon mon cœur*) ne fussent occupés à le faire périr, à Wootton, de douleur et de misère. » — Je ne sache au monde de lettre plus triste que celle où, pour échapper à la déplorable situation qui l'épuise, ce malheureux J.-J. Rousseau supplie le général Conway de le laisser partir d'Angleterre, lui abandonnant tous ses papiers, ses mémoires, et déclarant, par les serments les plus solennels, ne jamais médire de l'Angleterre (3). J.-J. Rousseau tint parole ; ses Confessions s'arrêtent à son départ pour l'Angleterre. A peine le pied en France, il semble respirer plus à l'aise ; « mais j'y trouvai un tel « changement par rapport à moi, et une telle impossibilité d'en « découvrir la cause, que *ma tête, déjà altérée* par l'air sombre de « l'Angleterre, *s'affectait* davantage de plus en plus » (4). Elle s'affecte tellement qu'il en vient, le malheureux, à calomnier la bienveillance de tous ses protecteurs, du M[qs] de Mirabeau qui l'accueille au château de Fleury (5), et du prince de Conti, qui

---

(1) Lettre 646 à M. du Peyrou. Londres, 27 janvier 1766.

(2) Lettre 655 à M. Hume. Wootton, 22 mars 1766.

(3) Lettre 752, Douvres, 1767.

(4) Lettre 923 à M. le D. M. Paris, le 23 novembre 1770. Lettre qu'il faut lire avec attention pour bien comprendre le genre de folie de cet infortuné Jean-Jacques.

(5) Lettres 758 et 759 à M. le marquis de Mirabeau, 5 juin 1767.

l'installe dans son château de Trye, en disant à son officier (1) :
« Je le mets ici à ma place ; je veux qu'il ait la même autorité que
« moi, et je n'entends pas qu'on lui offre rien, *parce que je le fais*
« *maître de tout.* »

Et J.-J. Rousseau qui se laisse pénétrer de la plus vive reconnaissance, redit les belles paroles de son généreux hôte à tous ses
amis. Il les répète dans plusieurs lettres ; puis oubliant tout cela
avec une insigne et déplorable ingratitude, (qui ne s'explique vraiment que par un transport au cerveau), il ose écrire à propos des
traitements dont on l'accablait, disait-il, à l'*insu* de M. le prince
de Conti : « (*du moins je le croyais ainsi.*) Le bruit en étant par-
« venu jusqu'à S. A. S. Elle n'épargna rien pour y mettre ordre,
« quoique toujours sans succès, *sans doute parce l'impulsion se-*
« *crète en venait à la fois du dedans et du dehors.* » Puis vient le
tour de Mme de Luxembourg, de M. de Choiseul et de tant d'autres.—C'est à bouleverser l'esprit. Pauvre Rousseau ! Il fallait que
son imagination fût, comme il le dit, « bien effarouchée par les
malheurs » pour s'ingénier ainsi à calomnier tous ses protecteurs,
tous ses amis, et à se complaire dans une erreur qui serait encore
une impiété, alors même qu'elle ne serait pas une injustice, et une
calomnie indigne à la fois, et de J.-J. Rousseau qui sentit le prix
de l'amitié, qui l'exprima en termes si touchants, et de tant généreux cœurs, qui ne se rebutèrent jamais. Il les outragea tous.
—Mais, en vérité, il faudrait avoir bien du courage pour suivre à
travers la France, la Suisse et l'Angleterre, de Montmorency à
Motiers-Travers, de Bienne à Strasbourg, de Paris à Londres,
à Wootton ; de Calais, à Lyon, à Monquin, à Bourgoin, à Paris encore les traces de cette calamité, qui frappe ce sublime esprit, si
elle ne remplissait et ne désolait à la fois les seize dernières années de la vieillesse anticipée, que traîna misérablement, d'é-
tape en étape, jusqu'à sa dernière retraite à Ermenonville, l'homme
de génie dénué d'un caractère viril.

Si la vieillesse de J.-J. Rousseau fut aussi déplorablement triste

---

(1) Lettre 8 à M. Moultou. Bourgoin, 5 novembre 1768.

ce n'est pas à dire que, selon la commune croyance, toutes les vieillesses le soient.— Nous saurons plus tard et toujours trop tôt à quoi nous en tenir.—Cependant, à voir certains vieillards et à relire le « *de Senectute* » de Cicéron, nous pouvons présumer que la vieillesse n'est que ce que la fait la jeunesse. « Comme on fait son lit on se couche, » dit le vieux proverbe, qui n'est que la traduction vulgaire de cette maxime de l'ecclésiaste (1) : *Quæ in juventute non congregasti, quomodo in senectute invenies?* Et J.-J. Rousseau n'a-t-il pas dit lui-même : « La jeunesse est le « temps d'étudier la sagesse ; la vieillesse est le temps de la pra- « tiquer » (2). — Ne voulons-nous pas avoir cette tristesse chagrine et cette amertume jalouse des cheveux blancs contre les cheveux blonds ; voulons-nous au contraire nous assurer, dans nos vieux jours, la douceur, la sécurité et la paix ? économisons, durant notre opulente jeunesse, les richesses morales du cœur et les nobles instincts d'une âme généreuse et fière.

J.-J. Rousseau, jeté hors de tous les cadres qui contiennent l'âme, méfiant, ulcéré, cherchant l'impossible, toujours au-dessous de ses sentiments, mécontent de tout , ne savait ce qu'il poursuivait sans relâche ; à charge aux autres à force de l'être à lui-même, dénué de cette mâle énergie qui constitue la dignité du *caractère*, « vivant au hasard sans règles, au gré de son tempérament » (3), sans *éducation* et sans *principes*, comment eût-il pu, dans sa jeunesse de vagabond, de laquais et d'apprenti, se livrer à cette préparation sévère, seule sauvegarde d'une vieillesse vénérable et honorée? Jean-Jacques délaissé, sans mère, sans ami, sans famille, ne comprit pas dans sa jeunesse le respect qu'on se doit à soi-même. La rude expérience de la vie ne lui inspira plus tard que de stériles regrets, et dans son découragement il s'écrie:

---

(1) § 5, ch. XXV.

(2) 3e Rêverie.

(3) « En ceci comme en tout le reste, mon tempérament a beaucoup « influé sur mes maximes, ou plutôt sur mes habitudes ; car je n'ai « guère agi par règles, ou je n'ai suivi d'autres règles en toute chose que « les impulsions de mon naturel » 4e Rêverie.

« Que sert d'apprendre à mieux conduire son char, quand on
est au bout de la carrière » (1)? Aussi, le jugeons-nous plus digne
de commisération que de blâme, et le plaignons-nous avec cette
profonde sympathie que chacun de nous doit à quiconque souffre.
Et qui a jamais autant souffert que J.-J. Rousseau, lui dont l'âme
tendre et dévouée, s'ouvrait, en tressaillant, aux douces émotions
de l'amitié, et dont le génie servit tant de fois un cœur vraiment
digne d'affection (2)! Tous les torts de Jean-Jacques ne furent
« qu'une erreur de son esprit; *son cœur n'y eut point de part.* »

---

(1) 3e Rêverie sur la maxime de Solon « Je deviens vieux en appre-
« nant toujours. »

(2) Nous ne donnerons qu'un seul témoignage de ce cœur aimant.
Lettre 350, 13 novembre 1762, à M. Moultou. « Vous ne saurez jamais
ce que votre silence m'a fait souffrir ; mais votre lettre m'a rendu la
vie... Aussi, écrivez désormais à votre aise ; votre silence ne m'alar-
mera plus : mais, cher ami, pardonnez les inquiétudes d'un pauvre solitaire qui ne sait rien de ce qui se passe, dont tant de cruels souvenirs
attristent l'imagination, qui ne *connaît dans la vie d'autre bonheur, que
l'amitié,* et qui n'aima jamais personne autant que vous. *Felix se nescit
amari,* dit le poëte, mais moi je dis : *Felix nescit amare.* »—Comme toujours, l'amertume d'un cœur aigri et d'un esprit inquiet se trahit dans
tout ce qu'il écrit.

*Le Lévite d'Ephraïm.—J.-J. Rousseau à Motiers-Travers.—Mi-
lord-maréchal. — Communion de J.-J. Rousseau. — Communion
de Voltaire.—J.-J. Rousseau et ses flatteurs.*

I.

Le 9 juin 1762, le décret du Parlement force J.-J. Rousseau à
quitter Montmorency et à s'enfuir en Suisse. Ses réflexions sur
les événements qui venaient de se passer étaient, certes, de nature à défrayer les ennuis de la route; «mais, dit-il, ce n'était là ni
mon tour d'esprit, ni la pente de mon cœur. Ma cruelle imagination
qui se tourmente sans cesse à prévenir les maux qui ne sont
point encore, fait diversion à ma mémoire... Contre ce qui est
fait, il n'y a plus de précaution à prendre, et il est inutile de
s'en occuper (1).»Dès le lendemain de son départ, J.-J. Rousseau
oubliait si parfaitement et le Parlement, et Madame de Pompa-
dour, et M. de Choiseul, et Grimm, et d'Alembert, et leurs com-
plots et leurs complices, qu'il n'y aurait pas même repensé de
tout son voyage, sans les précautions à prendre. Il se rappela
l'épisode du livre *des Juges* qu'il lisait la veille de son départ vers
deux heures du matin, lorsque Thérèse et M. La Roche vinrent
le prévenir que Madame la maréchale de Luxembourg le voulait
entretenir aussitôt. Il se rappela aussi les *Idylles* de Gesner, et
ces deux souvenirs se fondirent si bien dans son esprit qu'il
tenta de les réunir, en traitant à la manière de Gesner le sujet du
Lévite d'Ephraïm, « uniquement pour s'amuser dans sa chaise et
« sans espoir de succès.» Puis il ajoute : « A peine eus-je essayé,
« que je fus étonné de l'*aménité* de mes idées et de la facilité que
« j'éprouvais à les rendre... Je suis sûr de n'avoir rien fait en ma
« vie où règne *une douceur de mœurs plus attendrissante,* un coloris
« plus frais, des peintures plus naïves, un costume plus exact,

____

(1) *Confessions,* partie II, liv. XI, 1762. Page 614 de l'édition Charpentier.

« une *plus antique simplicité* en toute chose, et tout cela malgré
« l'horreur du sujet, qui dans le fond est abominable ; de sorte
« qu'outre tout le reste j'eus encore le *mérite de la difficulté vain-*
cue (1). » Les grands auteurs ne sont pas toujours les meilleurs
juges de leurs écrits. Le faible de J.-J. Rousseau pour le *Lévite
d'Ephraïm*, qui, le déclare-t-il, sera toujours « *le plus chéri* » de
ses ouvrages, en est une preuve de plus. Peut-être trouvera-t-on
que, loin d'avoir atténué l'atrocité du sujet, J.-J. Rousseau y a
mêlé je ne sais quelle pompe déclamatoire qui fait que l'horrible
devient ridicule.

Le début annonce le reste et donne le ton : « Sainte Colère
« de la vertu, viens animer ma voix : je dirai les crimes de Ben-
« jamin et les vengeances d'Israël ; je dirai des forfaits inouïs et
« des châtiments encore plus terribles. »

Il n'y a là rien de très-pastoral, j'imagine ; la suite répond au
début. — Un lévite vit dans Bethléem une jeune fille qui lui plut.
« Viens avec moi, tu feras mon bonheur, et je ferai le tien. » Le
lévite était jeune et beau ; la jeune fille sourit et se laisse emme-
mer dans les montagnes d'Ephraïm. Là, coulant une douce vie,
le lévite chantait les charmes de sa jeune épouse, lui cueillait des
roses, lui apportait des rayons de miel, puis une tourterelle crain-
tive, puis.... Malgré tout ce bonheur, la jeune fille *s'ennuya du lévite.*
Elle s'enfuit vers sa tendre mère , vers ses folâtres sœurs. Le lévite
ne pouvant se consoler du départ de sa *volage épouse*, après avoir
flotté quatre mois entre le regret et le dépit, prend sa monture et
suivi de deux ânes d'Epha, chargés de présents, se rend près de la
jeune fille. Elle l'aperçoit de loin, tressaille, court au-devant de lui
et le comble de caresses.—Pourquoi donc le quitter?—Après bien
des jours d'attente et de festin, il la ramène, arrive à Gabaa où nul
ne leur offrit un asile. Le poëte profite de leur halte pour adresser
une apostrophe aux hommes de son temps. Les voyageurs recueillis
enfin, sont interrompus dans leur festin de patriarches par les enfants de Bélial, qui bravant le ciel comme les cyclopes du mont Etna,

---

(1) *Confessions*, p. 616.

menacent de tuer l'hôte et les voyageurs, si on ne leur cède la jeune femme. Le lévite peureux la livre lui-même ; et le lendemain il la trouve étendue sur le seuil de la maison qu'il a remplie, toute la nuit, de pleurs et d'imprécations ! « Lève-toi, fuyons, ô ma compagne ; » mais elle était morte ! « O fille trop aimable et trop aimée ! » Il acheva ces mots prêt à la suivre et ne lui survécut que pour la venger.

Le Lévite l'emporte dans sa maison ; là, sans hésiter, sans trembler, il coupe le corps en douze pièces, qu'il envoie aux douze tribus. Tous les hommes accoururent de toutes les tribus à Maspha devant le seigneur, tous d'accord comme un seul homme, depuis Dan jusqu'à Bersabée, et depuis Galaad jusqu'à Maspha. Il s'éleva dans tout Israël un seul cri, mais éclatant, mais unanime : que Gabaa soit exterminé ! Vive l'Eternel ! Le Lévite se réjouit et mourut.—Après bien des échecs sanglants, Israël, victorieux enfin, massacre 26,000 Benjamites. Alors, émus de compassion, 10,000 Israélites exterminent les habitants de Jabès de Galaad, leurs frères et leurs alliés, pour livrer les filles vierges en mariage aux 600 Benjamites restants ; mais il ne se trouva que 400 vierges que l'on donna à autant de Benjamites : « Quelles « noces pour de jeunes vierges timides ! s'écrie J. J. Rousseau, « sexe toujours esclave ou tyran que l'homme opprime ou qu'il « adore et qu'il ne peut pourtant rendre heureux ni l'être qu'en « le laissant égal à lui. » Cette réflexion sentimentale et triviale arrive là bien à propos, comme si, en vérité, il s'agissait de l'égalité des femmes et des hommes.

Mais, « malgré ce terrible expédient, il restait 200 hommes à « pourvoir.—« Allez et mettez des embûches aux vignes, leur dit un vieillard de Lébona, « puis quand les filles de Silo sortiront pour danser avec des flûtes, alors vous les envelopperez. » Les jeunes Benjamites, ardents à obéir, firent ainsi qu'il leur fut dit. Chacun ravit la sienne, et s'efforçant de l'apaiser, l'effraye encore plus par ses caresses que par sa violence.—A cette repoussante anecdote, J.-J. R. a cru bon d'ajouter un dénoûment romanesque, et voici comment : les pères de ces autres Sabines réclament ; l'assemblée des vieux d'Israël déclare que les captives décideront elles-mêmes de leur sort. Axa, la tendre Axa, en s'élançant dans les bras de sa mère, jette furtivement les yeux sur le jeune Elmacin, son fiancé. Elmacin la revoit, tend les bras, s'écrie et *ne peut parler*. La course et l'émotion l'ont mis hors d'haleine. Le Benjamite aperçoit ce transport, ce coup d'œil, il devine tout, il gémit *en silence*; mais prêt à se retirer, il voit arriver le père d'Axa : « Fais ton devoir, ma fille, et sauve-moi de l'opprobre parmi mes « frères, car j'ai conseillé tout ce qui s'est fait. » Axa baisse la tête et soupire *sans répondre*. Sa voix faible et tremblante prononce à peine dans un faible et dernier adieu le nom d'Elmacin, qu'elle n'ose regarder et se retournant à l'instant demi-morte, elle tombe dans les bras du Benjamite.

Aussitôt, toutes les filles d'imiter son sacrifice. « Vierges « d'Ephraïm, par vous Benjamin va renaître. Béni soit le Dieu de « nos pères ! Il est encore des vertus en Israël (1). »

Si ce mauvais et triste roman ne prouve pas les vertus d'Israël,

---

(1) Nous avons pris grand soin, dans toute l'analyse du *Lévite d'E-phraïm*, de conserver à la lettre l'expression et les tours de phrase, dans la crainte d'en corrompre l'esprit. Nous abandonnons donc à l'auteur tout le pittoresque de ce récit « champêtre, d'une antique simplicité. »

Dans une des matinées du vendredi, consacrées à la lecture des *pièces justificatives*, dirais-je bien, et où la *causerie* devenait plus intime, M. Saint-Marc-Girardin lut et commenta, et avec quelle ingénieuse finesse ! l'épisode d'Axa. Il nous fit remarquer que les personnages de J.-J. Rousseau parlaient peu ou pas du tout ; et à propos de ce mutisme inconcevable dans un roman, il nous conta que Diderot, consulté un jour par un jeune homme qui venait de faire sa tragédie, resta durant toute la lecture absorbé dans une longue distraction, d'où il sortit en s'écriant avec cette chaleur de cœur, que vous lui connaissez : « *Votre tragédie est magnifique !* » Puis reprenant chaque rôle et chaque belle tirade, il fit observer au jeune auteur combien l'effet serait plus saisissant encore, si, au lieu de parler, le personnage gardait le silence. Si bien que le premier personnage parlait peu, le second moins encore, et le troisième, pas du tout. « Mais, » murmura le désolé jeune homme, « je n'aurai plus de tragédie. »

Eh bien, J.-J. Rousseau a fait la même chose, il fait observer le silence à ses héros : Axa pleure, Elmacin soupire et le Benjamite les regarde faire et ne dit mot.

il prouve que J.-J. R. manquait de la véritable imagination. Il faut qu'il soit toujours en scène ! Le vrai poëte, le narrateur sincère donne aux personnages la vie et l'émotion ; quant à lui-même, il doit s'effacer et s'oublier complétement. Mais la vanité de J.-J. R. ne s'accommodait guère de ce sacrifice. Et c'est ainsi qu'il a toujours procédé ; aussi, dans la *Nouvelle Héloïse,* ce qui constitue le roman est-il plus médiocre que les romans de nos plus médiocres romanciers. C'est un monologue ; il n'y figure qu'un seul personnage : le philosophe génevois. Le roman dans *l'Emile* est encore ce qu'il y a de plus pauvre ; mais à défaut de l'imagination conteuse, qui se détache tout à fait d'elle-même, J.-J. R. possède au suprême degré l'imagination oratoire, qui se colore et s'anime des sentiments du cœur ; de là, la beauté souveraine des passages où l'auteur parle en son nom. Partout ailleurs, il est à la fois *froid* et *plat.* Tel nous paraît du moins l'épisode d'Axa. Nous ne considérons donc son *lévite d'Ephraïm* que comme une pure distraction de voyage et nullement comme un poëme digne d'un si éminent auteur, quelque opinion flatteuse qu'il en conçut.

II.

On l'engageait à se rendre à Genève ; mais, outre que l'on y brûlait son *Emile,* J.-J. Rousseau suivait trop les impulsions de son impérieux amour-propre, pour ne pas sentir que ce n'est point dans la patrie qu'un malheureux proscrit doit se réfugier ; qu'il n'y doit point porter son ignominie ni lui faire partager ses affronts (1). Il se retire au village de Motiers, dans le Val-de-Travers, comté de Neuchâtel, appartenant au grand Frédéric.

« Il pense en philosophe et se conduit en roi, »

avait dit de lui Voltaire, qui, se rendant en Prusse, écrivait : « Je vais voir le *Salomon du Nord.* » Mais peu après : « Je me suis sauvé des griffes du *Busiris du Nord !* » J.-J. Rousseau écrit au roi une lettre qui caractérise à la fois l'homme et l'acteur. N'est-il pas en

---

(1) Lettre 306 à M. Moultou. Yverdun, 15 juin 1762.

effet très-commode de jouir de la liberté de la robe de chambre, de se livrer à la fantaisie de ses passions quand on peut ensuite se procurer le plaisir de se draper devant le public dans un manteau d'emprunt ?

La supplique de J.-J. Rousseau au roi de Prusse commence ainsi : « Sire, *j'ai dit beaucoup de mal de vous, j'en dirai peut-* « *être encore.....* » (1).

Frédéric dut bien rire de l'exorde *ex abrupto* de J.-J. Rousseau, lui qui, après Voltaire, eut peut-être le plus d'esprit et l'esprit le plus fin et le plus caustique. Il aimait beaucoup les philosophes, il les attirait volontiers, les choyait fort et les estimait fort peu. Il menaçait l'une de ses provinces dont il aurait à se plaindre de la confier à leur gestion. — J.-J. Rousseau prétendait se faire de son refuge une sorte de piédestal, et Frédéric le recevait comme un simple mortel ; il s'occupait, voyez le moqueur, de lui assurer le gîte, le couvert (2) et de plus une pension pour vivre. Et ce pauvre Jean-Jacques de s'indigner : « Vous voulez « me donner du pain ; n'y a-t-il aucun de vos sujets qui en man- « que ? Otez de devant mes yeux cette épée qui m'éblouit et me « blesse » (3). On sent là surtout l'acteur qui pose. Puis suivent des conseils sur un ton solennel et emphatique terminés par ce

---

(1) Lettre 321 au roi de Prusse, Motiers-Travers, juillet 1762.

(2) Lettre 341, à Mme la comtesse de Boufflers, Motiers-Travers, 7 octobre 1762.

« Milord-maréchal m'a dit que le roi se ferait un plaisir de me faire « bâtir un hermitage à ma fantaisie, et que j'en pourrais choisir moi- « même l'emplacement... J'ai répondu à milord que j'étais touché des « bontés du roi, *mais qu'il me serait impossible de dormir dans une* « *maison bâtie, pour moi, d'une main royale* ; et il n'en a plus été ques- « tion. Madame, j'ai trop mal pensé et parlé du roi de Prusse pour re- « cevoir jamais ses bienfaits ; mais je l'aimerai toute ma vie. »

(3) La lettre 346, au roi de Prusse (30 octobre 1762), et dans la lettre 333 (août 1762), qu'il adresse à milord-maréchal pour le remercier de sa protection, grâce à laquelle il a pu s'installer à Motiers-Travers : « En général j'*estime peu* de rois, et je n'*aime* pas le gouvernement « monarchique ; mais j'ai suivi la règle des Bohémiens, qui, dans leurs « excursions, épargnent toujours la maison qu'ils habitent. » Encore si J.-J. Rousseau l'avait toujours fait !

souhait : « Puissé-je voir Frédéric le juste, le redouté, couvrir ses
« Etats d'un peuple nombreux dont il soit le père ! et J.-J. Rous-
« seau, l'*ennemi des rois*, ira mourir au pied de son trône. »

Mais J.-J. Rousseau est-il bien l'ennemi des rois et des grands ?
Dans tous ses ouvrages, il attaque la monarchie, il insulte la
noblesse, et toute sa vie il adora les grands, il se reconnaît leur
constant protégé ; sa correspondance renferme mille formules d'un
entier dévouement et d'une reconnaissance passionnée. Mais qu'y
faire ? Le malade ne maltraite-t-il pas souvent ceux qu'il aime le
plus, ceux auxquels il doit quelque allégement à ses souffrances ?
Ou bien encore les dépits de Jean-Jacques sont comme ceux d'Alceste contre Célimène, qu'il adore et qu'il malmène. Les grands le
savent bien ; aussi que de cajoleries l'accablent de toutes parts ;
et M. le maréchal de Luxembourg, et M. le prince de Wurtem-
berg, M. de Malesherbes, M. de Luze, M. le prince de Conti, et
le marquis de Mirabeau , Mmes de Créqui, de Verdelin, de Boufflers, les maréchales de Luxembourg et de Mirepoix l'embrassent,
le comblent d'attentions, de prévenances délicates ; ses rudes
boutades n'indisposent personne. « Ce pauvre Jean-Jacques, il
« faut bien lui passer son humeur, c'est ce qui fait son originalité.
« M. de Voltaire, il faut s'en méfier, ce n'est pas avec lui qu'on
« se familiarise impunément ; mais Jean-Jacques, ce bon J.-J.
« Rousseau vivant rue Plâtrière , au quatrième étage, c'est diffé-
« rent. » Voilà ce que se disaient et se répétaient sans doute ses
protecteurs bienveillants.—Ce fut encore une haute protection qui
accueillit J.-J. Rousseau à Motiers-Travers. En dépit de son humeur, il fallut bien qu'il aimât encore les grands, dans la personne de milord-maréchal, George Keith, gouverneur de Neuchâtel. « L'aspect vénérable de cet illustre et vertueux Ecossais
« m'émut puissamment le cœur, et dès l'instant même commença
« entre lui et moi ce vif attachement qui de ma part est toujours
« demeuré le même... Il s'établit entre nous une telle amitié (car
« c'est le mot) que nous ne pouvions nous passer l'un de l'autre.
« Le château de Colombier qu'il habitait l'été, était à six lieues
« de Motiers ; j'y allais tous les quinze jours au plus tard y pas-
« ser vingt-quatre heures, puis je revenais de même en pèlerin, le

« cœur toujours *plein de lui*. Que de larmes d'attendrissement j'ai
« souvent versées dans ma route, en pensant aux bontés pater-
« nelles, aux vertus aimables, à la douce philosophie de ce res-
« pectable vieillard (1)! » Puis J.-J. Rousseau présente le revers de
la médaille. « Milord-maréchal n'est pas sans défaut, c'est un sage,
« mais c'est un homme. » Le protégé parle alors des bizarreries
de son bienfaiteur, sans nous esquisser les traits de cette noble
vie qui appartient à l'histoire.—Né en Ecosse, d'une famille où le
titre de comte-maréchal était héréditaire, George Keith se distingua sous Marlborough. Fidèle aux Stuarts, il tente, à la mort de
la reine Anne (1715), de faire proclamer le prétendant, à l'exclu-
sion de George 1er; mais Londres ni l'Ecosse ne voulurent se soule-
ver ce jour-là. Condamné à mort par le parlement, il gagne l'Espagne, se fixe en Prusse, près de Frédéric qui en fait son ami.
Le jeune frère de milord-maréchal, Jacques Keith, l'avait suivi en
Espagne, puis passant en Russie, il s'était signalé contre les Turcs
à Otchakow ; devenu maréchal, il se rendit près de Frédéric, se
distingua pendant la guerre de Sept Ans, et tomba sur le champ de
bataille de Hochkirchen, 1758. Après avoir mis toute la Bohême
à contribution, il meurt ayant 70 ducats ; aussi sa statue, à Berlin,
porte-t-elle cette inscription : *Probus vixit, fortis obiit*. Frédéric, pour reconnaître les services signalés des deux frères,
nomma Milord-Maréchal gouverneur de Neuchâtel, où J.-J.
Rousseau l'admira et l'aima, quitte à le calomnier plus tard,
comme il fit à l'égard de tous ceux qui l'ont aimé et protégé. —
Peu après son établissement à Motiers-Travers, ayant toutes les
assurances possibles qu'on l'y laisserait tranquille, J.-J. Rousseau se décide à faire usage de sa garde-robe arménienne, con-
fectionnée à Montmorency. Il prend donc la veste, le caffetan,
le bonnet fourré, la ceinture, et assiste ainsi affublé au service divin avec l'autorisation du pasteur, puis se présente dans cet équi-
page chez Milord-Maréchal, qui, « pour tout compliment, lui dit :
Salamaleki; après quoi tout fini, et il ne porta plus d'autre ha-

---

(1) *Confessions*, partie II, liv. xii, 1762. Pages 626-627.

bit. » J.-J. Rousseau passe alors son temps à faire des lacets (1),
portant son coussin, allant comme les bonnes femmes travailler
à sa porte et causer avec [les passants et les voisines, vivant
enfin comme vivaient ces braves gens.

III.

Cependant le temps de la communion approchait, et cette
époque allait décider si J.-J. Rousseau était ou non séparé
de l'Eglise protestante , car, écrit-il, « M. de Voltaire , avec
la générosité naturelle à lui et à son parti, voulait opposer
une barrière insurmontable à mon retour dans ma patrie, et
l'un des plus sûrs moyens pour cela fut de me faire regarder comme déserteur de ma religion ; car là-dessus nos lois
sont formelles, et tout citoyen ou bourgeois qui ne professe
pas la religion qu'elles autorisent, perd par là même son droit
de cité » (2). Jean-Jacques, pour ne pas s'exposer à un affront public, écrit à M. Montmollin (3), pasteur de la paroisse, qui vint
dès le lendemain et lui déclara que non-seulement il l'approuvait
de s'approcher de la sainte table, mais qu'il l'en priait et qu'il
l'en priait de l'aveu unanime de tout le consistoire, pour l'édifi-
cation de sa paroisse, dont Jean-Jacques avait l'approbation et
l'estime. De sorte que, le 1er septembre, il put écrire à M. Moultou : « J'ai été admis, sans difficulté et même avec empressement,
« à la sainte table dimanche dernier, sans qu'il ait même été
« question d'*explication* ni de *rétractation* (4). » Et à Mme de

---

(1) Lettre 357 à Mlle d'Ivernois, en lui adressant le premier lacet de
sa façon : « Le voilà, ce beau présent de noces... Songez qu'en portant
« un lacet tissu par la main qui traça les devoirs des mères, c'est s'en-
« gager à les remplir. »

(2) Lettre 345 à Mme la comtesse de Boufflers, 30 octobre 1762.

(3) Lettre 335 à M. de Montmollin, Motiers, 24 août 1762.

« Je suis attaché de bonne foi à cette religion véritable et sainte, et je
le serai jusqu'à mon dernier soupir. Je désire être toujours uni exté-
rieurement à l'Eglise réformée, comme je le suis dans le fond de mon
cœur. .. »

(4) Lettre 337 à M. Moultou, 1er septembre 1762.

Boufflers qui l'avait désapprouvé : « Depuis lors j'ai la consolation d'être reconnu membre de mon église. *Il faut être opprimé,
malade, et croire en Dieu, pour sentir combien il est doux de vivre
parmi ses frères* » (1).

Voilà le vrai personnage dans J.-J. Rousseau. Voilà l'accent
de la sincérité dans la bouche d'un homme convaincu. Que nous
sommes loin de Voltaire, qui, lui aussi, communie à Ferney
en 1768!—A ce propos, M. Saint-Marc-Girardin compare la correspondance de Voltaire avec celle de J.-J. Rousseau, et cela
avec d'autant plus de bonheur, que nulle part ailleurs n'éclate
mieux la différence entre la vie de ces deux grands philosophes.
Il lit aussi les lettres de l'évêque d'Annecy qui, avec une noblesse
de caractère digne d'une aussi bonne cause, ose entrer en lutte
avec ce grand écrivain. Mais celui qui a de l'esprit dans cette
circonstance, c'est l'évêque chrétien, tandis que Voltaire, mal
servi par le sien, qui était si prodigieux, fait la réponse la plus
plate. Il se dit malade (2). Voltaire a été de tout temps le
plus habile malade, il a été malade et mourant jusqu'à quatre-
vingt-quatre ans. — L'évêque lui écrit avec noblesse et simplicité,
avec une onction véritable qui eût mérité de toucher Voltaire,
et le philosophe répond avec une impertinence perfide, tout en

---

(1) Lettre 345 à Mme la comtesse de Boufflers, 30 octobre 1762. « Je
« ne sais ce que vous pouvez désapprouver dans la lettre que j'ai écrite
« à mon pasteur dans une occasion nécessaire. A vous entendre avec
« *votre ange*, on dirait qu'il s'agissait d'embrasser une religion nouvelle,
« tandis qu'il ne s'agissait que de rester comme auparavant dans la com-
« munion *de mes pères* et de *mon pays*, dont on cherchait à m'exclure :
« il ne fallait point pour cela d'autre ange que le *Vicaire Savoyard.* » En
effet, la profession de foi du *Vicaire* est la religion de J.-J. Rousseau.
Elle lui inspira sa troisième rêverie et sa belle lettre à M. Seguier.
Lettre 473, 1764.

(2) Correspondance générale. Voltaire, édition de Lequien, t. 66.
Lettre 3315, *Ferney*, 15 avril 1768, à M. l'évêque d'Annecy. « Comment
pouvez-vous me savoir gré de remplir des devoirs dont *tout seigneur*
doit donner l'exemple dans ses terres....., dont aucun chrétien ne doit
se dispenser et que j'ai *si souvent remplis* ?... Il serait bien extraordinaire qu'*un seigneur de paroisse* ne fît pas, dans l'église qu'il a bâtie, ce
que font les prétendus réformés...

restant respectueux dans la formule finale de sa lettre (1). Mais une fois entre deux feux, entre l'évêque qui lui reproche une communion dérisoire, et les philosophes une communion hypocrite, Voltaire triomphe, il est dans son élément.

Dans sa lettre à M. le comte d'Argental (2), il déduit toutes les raisons qui l'ont poussé à communier ; d'abord, c'est un devoir qu'il a rempli une fois ou deux avec Madame Denis ; « *Deuxième raison*, il n'en est pas d'un pauvre agriculteur comme de vous autres seigneurs parisiens.... Je me trouve seul de ma bande contre deux cent cinquante consciences timorées..... *Neuvième raison*, je vous demande en grâce de brûler mes raisons.....»

Mais il ne s'était pas contenté de communier, il était monté en chaire. L'évêque se plaignait de ce sacrilége, et Voltaire répond au post-scriptum que ce n'était qu'une mesure de police (3).

Quelle profonde différence entre les deux caractères, les deux esprits, les deux conduites de Voltaire et de Rousseau ! Nous méprisons dans Voltaire la grossièreté accidentelle d'une raillerie déplacée et l'orgueil du *grand seigneur* ; dans J.-J. Rousseau, au contraire, nous aimons et sentons ce besoin de Dieu et ce bonheur d'être réuni à ses frères. Il y a sans doute du faux en lui, lorsque, par la pente naturelle de son imagination, il se jette dans le paradoxe ; mais combien il est vrai et chaleureux, quand il montre sa foi en Dieu, qui éclate dans la profession du *Vicaire*

---

(1) Lettre 3321, dans laquelle il se dit calomnié, 29 avril 1768.

(2) Lettre 3319, 22 avril 1768 : « Mon divin ange, mes raisons pour avoir changé ma table ouverte contre la sainte table, pourront ennuyer un excommunié comme vous..... 1° C'est un devoir que j'ai rempli avec Mme Denis *une fois ou deux*, si je m'en souviens bien. 3° Je me trouve entre deux évêques qui sont du xiv° siècle, et il faut hurler avec ces *sacrés loups* ; 4° Il faut être bien avec son curé, fût-il un imbécile ou un fripon ; 8° On ne peut me reprocher d'hypocrisie, puisque je n'ai aucune prétention. »

(3) *P. S.* de la lettre 3315 : « Vous êtes trop instruit pour ignorer qu'en France *un seigneur de paroisse* doit, en rendant le pain bénit, instruire ses vassaux..... »

Savoyard, devenue la règle de sa conduite et le *credo* de sa religion! Avec quelle ardente conviction il lutte partout pour la défendre!

J.-J. Rousseau est devenu en quelque sorte le directeur des consciences, chacun le consulte, tous ont recours à lui; les Etats lui demandent des lois, les pères et les mères veulent apprendre de lui la manière d'élever et d'instruire leurs enfants, et pourtant il eut le grand mérite, au dix-huitième siècle, de ne pas se laisser prendre à l'engouement populaire pour ses œuvres; aussi n'a-t-il jamais flatté ses enthousiastes.—Un jeune officier abandonne sa carrière, déserte sa religion, quitte sa mère et veut *se faire Emile*. J.-J. Rousseau lui écrit: « Je vous plains... si vous
« croyez avoir suivi mes principes, vous vous trompez, vous
« avec suivi l'impétuosité de votre âge.... Voici pis.... *votre*
« *brouillerie avec Madame votre mère me navre*. J'avais dans mes
« malheurs la consolation de croire que mes écrits ne pouvaient
« faire que du bien; voulez-vous m'ôter encore cette consola-
« tion?... Cher Saint-Brisson, *un fils brouillé avec sa mère a tou-*
« *jours tort;* de tous les sentiments naturels, le seul demeuré
« parmi nous est l'affection maternelle. *Le droit des mères est le*
« *plus sacré que je connaisse;* en aucun cas, on ne peut *le violer*
« *sans crime,* raccommodez-vous donc avec la vôtre. Allez vous
« jeter à ses pieds....... Il n'y a pas deux morales : celle du
« christianisme et celle de la philosophie sont la même, l'une et
« l'autre vous imposent ici le même devoir ; vous pouvez le rem-
« plir, *vous le devez;* la raison, l'honneur, votre intérêt, tout le
« veut : *Moi, je l'exige...* Si vous le faites, comptez sur mon ami-
« tié, sur mon estime, sur mes soins... Si vous ne le faites pas,
« vous n'avez qu'une mauvaise tête; ou, qui pis est, votre cœur
« vous conduit mal, et *je ne veux conserver de liaisons qu'avec des*
« *gens dont la tête et le cœur soient sains* (1). »

---

(1) Lettre 473 à M. Séguier de Saint-Brisson, Motiers, 22 juillet 1764. Dans cette belle lettre écrite avec tant de cœur et de bon sens, J.-J. Rousseau reproche à son jeune correspondant de vouloir secouer hautement le joug de la religion où il est né : « Je pense si peu comme vous

Ainsi parle J.-J. Rousseau dans l'honnêteté de sa conscience, il ne flatte guère, on le voit, ses enthousiastes.—Il est si commode de donner un peu d'encens à ceux qui vous en apportent beaucoup. Combien y a-t-il, et nous ne parlons que du dix-huitième siècle, de ces grands hommes ou se croyant tels, qui, à une lettre où on leur écrit : « Vous êtes Dieu, » répondent en gens bien appris : « Vous serez un de mes saints. » La flatterie appelle la réplique, c'est un prêté rendu. Avec J.-J. Rousseau, rien de tel ; Chamfort lui envoie une pièce de vers, conçue dans l'esprit du temps(1), J.-J. Rousseau lui écrit : « Evitez la métaphysique à la mode... vôtre épître abonde en pensées philosophiques auxquelles je reprocherais quelquefois de l'être trop... Il ne faut pas, pour paraître au-dessus des préjugés, saper les fondements de la morale... Je vous condamne, pour réparer cette faute, à faire une pièce où vous prouverez que, malgré les vices des hommes, il y a parmi eux des vertus, et même de la vertu, et qu'il y en aura toujours. Voilà, Monsieur, de quoi s'élever à la plus haute philosophie. Il y en a davantage à *combattre les préjugés philosophiques qui sont nuisibles*, qu'à combattre les préjugés populaires qui sont utiles (2). »

En échange de compliments, J.-J. Rousseau envoie de bons conseils, un peu rudes, mais utiles et solides. Un abbé veut discuter avec lui, et notre philosophe déclare que ses maux le forcent « de vaquer à d'autres soins *que cette petite escrime de*

« sur cet article que, quoique le clergé protestant me fasse une guerre
« ouverte, je n'en demeure pas moins sincèrement uni à la communion
« de notre église, bien résolu d'y vivre et d'y mourir, s'il dépend de
« moi; car il *est très-consolant pour un croyant affligé de rester en com-*
« *munauté de culte avec ses frères.* Je vous dirai plus, et je vous déclare
« que si j'étais né catholique, je demeurerais catholique, sachant bien
« que votre église met un frein très-salutaire aux écarts de la raison hu-
« maine, *qui ne trouve ni fond ni rive quand elle veut sonder l'abîme des*
« *choses.* Je vous parle, Monsieur, avec effusion de cœur, et comme un
« père parlerait à son enfant. »

(1) *Epitre d'un père à son fils sur la naissance d'un petit-fils.*
(2) Lettre 485, Motiers, 6 octobre 1764.

controverse, bonne seulement pour amuser les gens oisifs qui se portent bien » (1). Un autre abbé, dialecticien et mondain, un véritable abbé de cour, lui communique ses doutes, les doutes à la mode, et se fait passer pour persécuté ; mais J.-J. Rousseau tient à garder toute persécution pour lui et n'admet pas, en ce genre, les honneurs partagés. Il répond d'abord sérieusement et montre qu'il n'est pas dupe de ces dialecticiens qui cherchent par vanité à devenir ses correspondants ; aussi coupe-t-il court à l'entretien avec cet abbé vivant de l'autel, et affichant ses doutes par bon ton. Il lui dit : « Je commence par vous dire que je prendrais pour confesseur un bon prêtre. » Il le renvoie tout uniment à la religion des bonnes et saintes femmes ; et pour humilier son orgueil d'abbé philosophe : « Je trouve que vous soutenez les doutes en homme qui n'est pas fâché de les faire naître. » — Est-il de plus piquant spectacle que celui de cet abbé du dix-huitième siècle, aux prises avec le philosophe génevois, qui se fait le défenseur de la Religion. — M. l'abbé de *** se vantait d'avoir renvoyé ses portraits, ses titres et son cachet. « Voilà bien des prouesses ! J'aurais laissé les portraits où ils « étaient ; j'aurais gardé mon cachet, parce que je l'avais, j'aurais « laissé moisir mes titres dans un coin, sans m'imaginer même « que tout cela valût la peine d'en faire un sacrifice ; mais vous « êtes pour les grandes actions ; je vous en félicite de tout mon « cœur. — Votre délicatesse sur l'état ecclésiastique est *sublime* « ou *puérile*... mais je ne connais que *Socrate* et *vous* à qui la « raison pût passer un tel scrupule ; car à nous autres hommes « vulgaires il serait impertinent et vain d'en oser avoir un pa- « reil (2). »

Toute la première partie de cette réponse est un chef-d'œuvre d'ironie fine et mordante au service du bon sens ; c'est là un ton de persiflage railleur que l'on n'est pas habitué à rencontrer souvent dans les écrits de J.-J. Rousseau, qui sut prendre tous

---

(1) Lettre 267 à M. l'abbé de Jodelh, 16 novembre 1761.
(2) Lettre 435 à M. l'abbé de ***, Motiers, le 6 janvier 1764.

les styles, même le léger et le plaisant, selon l'opportunité (1).
Dans la seconde partie de cette lettre à l'abbé titré, le philosophe
élève le ton sans pour cela le rendre déclamatoire. « Je vous avoue
« qu'un homme qui, d'ailleurs n'étant pas un saint, s'aviserait
« tout de bon d'un scrupule que l'abbé de Saint-Pierre et Fénelon
« n'ont pas eu, me deviendrait par cela seul très-suspect. Quoi !
« dirais-je, cet homme refuse d'embrasser le noble état d'officier
« de morale.... Laissez-là vos rêveries métaphysiques, et servez
« Dieu dans la simplicité de votre cœur ; vous serez assez ver-
« tueux. »

J.-J. Rousseau combattait l'incrédulité, aussi fut-il tout désap-
pointé d'être lui-même attaqué au nom des croyances, par un
saint prélat qui ne connaissait et ne voulait point connaître de
demi-mesures ni de demi-vertus. Forcé de se défendre, le
pauvre Jean-Jacques entre, d'abord à regret, puis bientôt
se précipite avec chaleur et se complaît dans la discussion
de points trop importants, pour que nous l'y suivions aujourd'hui. Nous y reviendrons plus à l'aise dans l'examen
que nous allons tenter de sa polémique contre l'archevêque
de Paris, et dans ses *Lettres de la montagne* contre le procureur
général Tronchin, auteur des *Lettres de la Campagne*. Nous re-
trouverons J.-J. Rousseau toujours paradoxal, mais toujours
sincère. Et voilà pourquoi nous avons plaisir à le suivre au milieu
de ses erreurs, qui sont celles d'une imagination souvent égarée,
il est vrai, mais toujours celles d'un cœur honnête et d'un esprit
convaincu.

---

(1) Voir, dans la lettre 345, à Mme la comtesse de Boufflers, (Motiers,
30 octobre 1762), la conversation qu'il prête à M. de Voltaire avec un
ouvrier du canton de Neuchâtel.—Pour bien connaître le vif esprit de
J.-J. Rousseau, il faut lire le *Persifleur* qu'il écrivait en 1746, avec la
verve de Voltaire et la malice de Beaumarchais.

Démêlés de J.-J. Rousseau avec Mgr Christophe de Beaumont. — Théorie de la religion universelle, humaine et sociale de J.-J. Rousseau. — Nécessité d'une sanction religieuse. — Lettres de la Montagne.

L'archevêque de Paris, Christophe de Beaumont, poussait jusqu'à l'héroïsme les vertus apostoliques, se livrant sans réserve, avec l'intrépidité de son naturel, à toutes les controverses du temps. Il ne s'arrêtait pas plus dans son zèle que dans sa charité. Chacun sait l'histoire de ses trente ou quarante montres données successivement en aumône. Un viel officier l'aborde un jour, près de Conflans, et lui peint sa misère. « Monsieur, dit le prélat, je n'ai plus d'argent sur moi ni à Conflans, venez, après-demain à l'archevêché, en attendant, voici ma montre. » L'archevêque étant allé chez mesdames de France, madame Adélaïde lui en donne une nouvelle à la condition qu'il la gardera au moins quinze jours. L'Hôtel-Dieu est incendié, il n'hésite pas et fait de l'archevêché une succursale où tous les malades sont transportés. C'est devant tant de bonté, de piété sincère que J.-J. Rousseau chagrin hésite à répondre au mandement lancé contre la profession de foi du *Vicaire Savoyard*. Mais son parti une fois pris, il a toute la témérité de langage des gens timides.

Le philosophe commence sa lettre à l'archevêque par un récit de ses aventures, de ses accusations et condamnations, qui n'est pas sans quelque analogie avec le monologue de *Figaro*. Il essaie d'expliquer les motifs du mandement par le déchaînement de tous ses ennemis et par le *tolle* général qui s'éleva contre lui. En effet, « mon livre, écrit-il, était le tocsin de l'anarchie, la « trompette de l'athéisme, l'auteur était un monstre à étouffer ; « dans cette rage universelle vous eûtes honte de garder le si-

« lence (1)..... Qui veut être modéré parmi des furieux, s'ex-
« pose à leur furie ; et je comprends que, dans un déchaî-
« nement pareil à celui dont je suis la victime, il faut hur-
« ler avec les loups, ou risquer d'être dévoré.... Monseigneur,
« vous n'avez été pour moi ni humain ni généreux... J'avoue
« aussi que je n'avais pas droit d'attendre ces vertus d'un
« *homme d'église*. Voyons si vous avez été du moins équitable et
« juste ; car c'est un devoir étroit imposé à tous les hommes, et
« *les saints mêmes n'en sont pas dispensés* (2). » J.-J. Rousseau
entreprend alors vigoureusement l'attaque. « Mon *Discours sur*
« *l'inégalité* a couru votre diocèse, et vous n'avez point donné de
« mandement . Ma *Lettre à M. D'Alembert* a couru votre diocèse,
« et vous n'avez point donné de mandement. La *Nouvelle Hé-*
« *loïse* a couru votre diocèse, et vous n'avez point donné de man-
« dement. Cependant tous ces livres, que vous avez lus, puisque
« vous les jugez, respirent les mêmes maximes..... Et l'on y
« voit la *profession de foi* de l'auteur exprimée avec moins de ré-
« serve que celle du *Vicaire Savoyard* (3). »

J.-J. Rousseau, après avoir essayé de réfuter toutes les atta-
ques dirigées contre son système d'éducation et contre son livre,
arrive à la défense de sa religion. « Je dirai ma religion, parce
« que j'en ai une ; et je la dirai hautement, parce que j'ai le
« courage de la dire, et qu'il serait à désirer pour le bien des
« hommes que ce fût celle du genre humain (4). » Voyons s'il
est possible qu'une pareille religion soit aussi efficace que le
prétend le philosophe génevois pour le bien du genre humain !

Il se déclare chrétien, sincèrement chrétien, selon la doctrine
de l'Evangile : Chrétien, non comme un disciple des prêtres,
mais comme un disciple de Jésus-Christ. « Mon maître, dit-il, a
« peu subtilisé sur le dogme et beaucoup insisté sur les devoirs ;
« il prescrivait moins d'articles de foi que de bonnes œuvres ;

---

(1) Lettre à M. de Beaumont. P. 36, t. vi. Edition Musset-Pathay.
(2) P. 37.
(3) P. 35.
(4) P. 75.

« Moi, de mon côté, très-convaincu des vérités essentielles du
« Christianisme, lesquelles servent de fondement à toute bonne
« morale, cherchant au surplus à nourrir mon cœur de l'esprit
« de l'Evangile sans tourmenter ma raison de ce qui m'y paraît
« obscur.... Laissant à part toutes ces subtilités de doctrine,
« tous *ces importants galimatias* dont les Pharisiens embrouil-
« lent nos devoirs et offusquent notre foi, et mettant avec Saint
« Paul, *la foi même au-dessous de la charité* (1), heureux d'être né
« dans la religion la plus raisonnable et la plus sainte qui soit
« sur la terre, je reste inviolablement attaché au culte de mes
« pères : comme eux, je prends l'Ecriture et la raison pour les
« uniques règles de ma croyance. (Page 76.) »

Pour nous, qui croyons à l'entière sincérité de J.-J. Rousseau,
sa religion nous paraît être, sans songer à la manière dont il l'a
pratiquée, celle d'un honnête homme, dans le sens vulgaire du
mot, mais non celle d'un chrétien ; il ne la fait point consister
dans la foi mais dans les œuvres.

Il raille même les dogmes : « La doctrine coûte si peu à
« suivre, et la morale coûte tant à pratiquer, qu'en se jetant du
« côté le plus facile on rachète les bonnes œuvres par le mérite
« d'une grande foi. (Page 93.) »

Nous ne contesterons certes pas l'esprit avec lequel il blâme, à
juste titre, les querelles de religion (pages 93 et 96), ni la verve
voltairienne avec laquelle il raille les théologiens, *qui, renchéris-
sant les uns sur les autres, en savent plus que n'en ont dit les
Apôtres et Jésus-Christ.* « Saint Paul avoue ne voir qu'obscuré-
« ment et ne connaître qu'en partie. Vraiment nos théologiens
« sont bien plus avancés que cela ; ils voient tout ; ils savent
« tout ; ils nous rendent clair ce qui est obscur dans l'Ecriture ;
« ils prononcent sur ce qui était indécis ; ils nous font sentir,
« avec leur modestie ordinaire, *que les auteurs sacrés avaient
« grand besoin de leur secours pour se faire entendre, et que le
« Saint-Esprit n'eût pas su s'expliquer clairement sans eux.* »

---

(1) I, Corinth. XIII, 2, 13, nunc autem manent, fides, spes, charitas,
tria hæc : *major* autem horum est *charitas.*

Cela est spirituellement tourné, sans aucun doute, mais cela n'empêche pas, n'en déplaise à plusieurs, que la théologie ne soit chose solide et bonne, et les théologiens, des gens moins dangereux que leur trop spirituel persifleur.

M. Saint-Marc-Girardin avoue qu'il est loin de s'associer au mépris railleur de notre philosophe, il déclare qu'il aime la théologie et les théologiens, non pas par goût d'archéologue ; qu'il cherche depuis trente ans de la théologie dans toute l'Europe et n'y trouve à son grand regret que de la politique. Nous avons tous lu un livre d'une forte et vraie éloquence où la religion tout entière était subordonnée à l'infaillibilité du pape ; mais cette autorité illimitée n'a été, chacun le sait, qu'un instrument politique pour l'auteur, tour à tour champion et défectionnaire. La théologie de nos jours ou du moins ce qui en prend le nom est encore de la politique.

Mais J.-J. Rousseau la réduit à n'être plus que l'objet des frivoles disputes des prêtres. « On ne demande plus d'un chrétien « s'il craint Dieu, mais s'il est orthodoxe ; on lui fait signer des « formulaires.... et quand il a signé, tout va bien.... pourvu « qu'il n'aille pas se faire pendre, il peut vivre au surplus comme « il lui plaira ; ses mœurs ne font rien à l'affaire, la doctrine est « en sûreté. Quand la religion en est là.... *Elle ne sert qu'à ex-* « *citer parmi les hommes des discussions, des troubles, des guerres* « *de toute espèce, à les faire s'entre égorger pour des logogryphes.* « (Page 97.) »

Voilà qui est pitoyablement raisonné pour un aussi ferme dialecticien ; ainsi le dogme étouffe le morale. Mais résumons son raisonnement : « — Voulez-vous vivre vraiment saintement, Chrétiens, Juifs et Turcs, réunissez-vous pêle-mêle ; mais comme préliminaire indispensable de votre délibération, chassez-moi tous les théologiens. »

Voyons, faites cette question : « L'homme, ouvrage du Créateur, « est-il un être simple ou mixte ?—Et les Chrétiens, de répondre : « L'homme est composé de deux substances. » — Bien. — Et vous Turcs ? « Nous pensons de même. » — Et vous Juifs ? « Les « Esséniens nous ont éclairci ce point, et nous croyons comme

« les Turcs et les Chrétiens. » — A merveille, mes amis ; de-
quoi vous tourmentez-vous donc ? Vous voilà d'accord là-dessus.
« Quand vous différerez de sentiment sur le reste, *j'y vois peu*
« *d'inconvénient ;* » vous dit le rassurant philosophe ; formez-moi,
de ce petit nombre d'articles une bonne religion universelle,
une religion *essentielle,* une vraie religion humaine et sociale
que chacun doive admettre forcément. Si quelqu'un s'avise de
dogmatiser, bannissez moi au plus vite ce théologien ; c'est un ennemi des lois fondamentales de la société. Avec les opinions dis-
sidentes, vous formerez de petites religions nationales et terri-
toriales pour votre usage personnel, sans prétendre les faire
adopter par les autres peuples ; car notre philosophe vous déclare formellement que les missionnaires ne sont à son avis guère
plus sages que les conquérants. (Page 100.)

Honorez, en général, tous les fondateurs de vos petits cultes
« respectifs. « Tous les cultes sont bons *lorsqu'ils sont pres-*
« *crits par les lois,* ajoute-t-il. et que *la religion essentielle* s'y
« trouve.... La forme du culte est la police des religions et
« *c'est au souverain qu'il appartient de régler la police dans son*
« *pays.* (Page 101.) »

Ainsi, comme dans l'*Emile* et dans le *Contrat social,* Jean-Jacques Rousseau établit par sa lettre à l'archevêque de Paris, que
la doctrine, le dogme, l'élément sacré, en un mot, finit tôt ou
tard par étouffer la morale. Nous croyons tout le contraire ; Bossuet, à la fin de sa vie, disait : « On ne prêche plus le dogme, mais
la morale ; » et il voyait là, avec raison, un commencement de
décadence, parce qu'au lieu de s'adresser à la foi, on s'adresse à
l'émotion de la conscience humaine, ou tout simplement à l'uti-
lité. Nous voilà dès lors ramenés à la morale de l'*intérêt* ou de
la *sympathie.* — Mais il ne manque qu'une seule chose à cette
religion civile, à cette religion purement humaine qui écarte
tout ce qui est divin, et ne comprend dans son *Credo* que les
strictes maximes de la morale pratique ; et cette seule chose est
la clef de voûte, sans laquelle l'édifice s'écroule : c'est *la sanction.*
On lit dans une note de l'*Emile,* que « les mahométans disent,
« selon Chardin, qu'après l'examen qui suivra la résurrection

« universelle, tous les corps iront passer un pont appelé Poul-
« Serrho, qui est jeté sur le feu éternel, et d'où se fera la sépa-
« ration des bons d'avec les méchants.... Les Persans, poursuit
« Chardin, sont fort infatués de ce pont; et lorsque quelqu'un
« souffre une injure dont, par aucune voie ni dans aucun temps,
« il ne peut avoir raison, sa dernière consolation est de dire :
« Eh bien ! par le Dieu vivant, tu me le payeras au double, au
« dernier jour; *tu ne passeras point le* Poul-Serrho, que tu ne
« me satisfasses auparavant; je m'attacherai au bord de ta
« veste, et me jetterai à tes jambes (1). »

La terreur qu'inspire ce pont qui répare tant d'iniquités
n'en prévient-elle jamais? Otez aux Persans cette idée, en leur
assurant qu'il n'y a ni Poul-Serrho ni rien de semblable, où les
opprimés soient vengés de leurs tyrans, ce sera un grand service rendu à ces derniers, qui seront mis plus à l'aise.

La note se termine par cette apostrophe à Jean-Jacques :
« Philosophe, tes lois morales sont fort belles, mais montre-
« m'en de grâce la *sanction*. Cesse un moment de battre la cam-
« pagne, et dis-moi nettement ce que tu mets à la place du
« Poul-Serrho. »

Toute religion doit avoir une sanction, qu'elle vienne de Dieu
ou des hommes. La placez-vous au ciel, admettez les dogmes;
les rejetez-vous? alors contentez-vous de la seule sanction de la
loi morale qu'on puisse trouver sur la terre, cette sanction a un
nom, bien simple mais bien énergique : « *La police.* » « Consultez
« l'histoire, s'écrie M. Saint-Marc-Girardin, le *prêtre* ou le *gen-*
« *darme*, il n'y a pas d'autre choix; la *police* ou le *Poul-Serrho !*
« avec J.-J. Rousseau on aboutit à la religion de l'Etat. Pour
« bien connaître le catéchisme de cette foi, nous n'avons qu'à
« ouvrir le *Bulletin des lois.* » Cela sera bien un peu long, mais
cela n'en sera pas plus clair.— D'ailleurs l'homme ne peut s'ap-
puyer sur ce qu'il a créé, car il sait trop le secret de ses œuvres,

---

(1) *Emile*, livre IV, p. 377. Edition Firmin-Didot.

et partant il a quelque raison de s'en défier ; il est à la fois orgueilleux et défiant de lui-même. Quand la loi descend d'un Sinaï législatif, sans doute elle semble avoir quelque grandeur, mais le prestige s'évanouit bien vite, car l'histoire de tous ces Moïses est bien humaine ; il faut donc que le Moïse descende du vrai Sinaï, qu'il ait eu commerce avec Dieu pour que la *sanction* ait une sérieuse efficacité.

Vous voulez, avec J.-J. Rousseau, créer une religion morale sans révélation divine, sans dogmes et sans mystères, et à l'instant même où vous vous en proclamez le pontife, vous êtes forcé de l'imposer ; il vous faut la mettre sous la protection de l'Etat, du Gouvernement, de la *police* en un mot. Quand on ne veut pas chercher la sanction là où elle est, on est bien obligé de la chercher là où l'on rougit de la trouver. Chacun, dans ce monde, doit faire son choix : les honnêtes gens puiseront leur honnêteté dans le dogme, dans le culte, dans la croyance à l'autre vie ; les autres ne seront, je le crains, retenus que par le Code pénal.

Cette doctrine de J.-J. Rousseau que nous avons réduite à sa plus simple expression, nous la retrouvons encore dans les *Lettres de la Montagne.*

On peut, je ne dis pas qu'on le doive, vivre avec insouciance, se laissant aller gaîment et légèrement au gré de ses caprices. On peut mettre dans sa conduite l'effervescence de la première jeunesse ; mais à moins d'avoir usé sa vie dans la dépravation et émoussé dans le vice tous les bons instincts de notre nature primitive, il n'est personne qui ne sente, à un moment donné, le scrupule s'éveiller dans son âme, et qui puisse se dérober à cette question : « Quels sont mes devoirs d'homme ? » On sent le besoin d'une règle, d'une morale, parce que l'on s'aperçoit qu'il y a, en définitive, des obligations saintes et sacrées, et si la sanction n'en est pas dans la conscience, elle doit être dans la loi. Si le scrupule ne réprime pas les vices de l'homme, il faudra bien que la contrainte vienne du dehors puisqu'elle ne vient pas de notre propre cœur ; ce n'est pas à dire qu'il faille confondre la morale avec le culte. Autre chose est de *vivre bien*, autre chose de vivre saintement et selon le rite religieux. « Aliud est bene vivere, aliud sa-

« crate vivere (1), » disait Saint-Augustin à Longinien en lui demandant sur quoi il prétendait établir la nécessité des sacrifices et des expiations, car il pensait, lui, que la vertu seule suffit pour le salut. Dans sa lettre au prêtre Deogratias, il assurait que les grâces divines préexistaient au christianisme, il dit formellement : « *Nemini defuit ergo illa salus hujus religionis qui dignus fuit, et* « *cui defuit, dignus non fuit* (2). » Ainsi il y eut parmi les païens des élus du Seigneur.— Le fond de tout cela c'est que la morale humaine est tout à fait en dehors du culte. Dieu nous a doués d'une lumière naturelle, d'un tribunal intérieur. Il nous assiste sans cesse par les bons mouvements qu'il fait naître en nous, et son assistance, venant aider la conscience humaine, assure l'indépendance de la morale qui juge les cultes. Quand un culte exige le mal, cette morale humaine se révolte et le rejette. Elle en a le droit et la puissance, puisqu'elle nous vient de Dieu. Aussi ne peut-il dépendre du premier venu de sortir de je ne sais quelle retraite, de je ne sais quel faubourg, de monter sur une borne et de s'écrier à grands renforts de voix, avec les gestes et les regards d'un illuminé : « Voici la religion que je prêche, croyez et adorez. » Nous avons quelque raison de penser qu'il vaut mieux nous en tenir à notre religion. « Rationabile obsequium nostrum » disait Saint-Paul, oui notre obéissance est raisonnable ; les prétendus

---

(1) Epistola, ccxxxv. **T. 11**, p. 847. Saint-Augustin répond à Longinien qui lui avait écrit : « Qu'il ne suffisait pas, pour aller à Dieu, « d'être homme de bien, et qu'il fallait se purifier en pratiquant les sa- « crifices prescrits par les anciens. » « Mais qu'y a-t-il donc à purifier dans le cœur de celui qui vit selon les lois de la piété, de la justice, de la droiture, de la pureté, et de la vérité (qui piè, justè, purè, veraciter que vivendo promeretur deos et per eos unum illum deorum DEUM ?) S'il n'est pas pur, il n'est ni pieux, ni juste, ni chaste, ni droit, ni vrai ; car quiconque est tel, est pur de toute souillure. *Or, à quoi bon des sacrifices et des expiations pour purifier ce qui est déjà pur ?* »

(2) Epist. cii. **T. ii**, p. 279. Cette lettre n'est autre qu'un véritable traité renfermant la solution de six questions importantes proposées par un païen au prêtre Deogratias, qui avait prié Saint-Augustin d'y répondre à sa place.

prophètes ne sont que charlatans ambitieux, ils ne s'imposent qu'à la foi de leurs dupes. Le sentiment moral inné en chacun de nous se redresse contre leurs inepties, avec toute son énergie et de toute sa hauteur, lorsqu'au nom de leur dogme imaginaire et insolent, ces Mahomets au petit pied prétendent nous prêcher la loi de la chair et faire adorer leur veau d'or.

Ne concluons pas toutefois de ces excès d'un dogme immoral que le vrai dogme ne soit pas le soutien naturel de la morale. La religion païenne se chargerait au besoin de nous le prouver. Oui, alors même que la foi de l'homme s'égare, qu'il croit à ses divinités et n'a pas condamné les vices de l'Olympe au nom des vertus de la terre, il y a encore dans ce dogme tout erroné une force cachée qui soutient la conscience humaine. Tant que les Romains eurent foi en leurs dieux, pourquoi furent-ils chastes, purs et vertueux ? C'est qu'ils avaient au fond de leur âme une croyance surnaturelle. Ils reconnaissaient au-dessus d'eux une puissance occulte, dont la salutaire terreur les pénétrait et les préservait de l'impiété et des vices, où les énerva plus tard leur incrédulité ; car l'esprit de l'homme est ainsi fait que lorsqu'il est désabusé de ses dieux, il les déshérite de ses hommages. Avec la foi, Rome perdit ses mœurs et n'assista plus qu'à sa longue agonie. On a beau faire, on n'apprendra pas à l'homme à se passer de Dieu, car cette croyance surnaturelle fait sa force et sa dignité. Il y a au fond du cœur un invincible besoin de croire à Dieu, besoin qui se traduit dans les chefs-d'œuvre et dans les actions héroïques. Du jour où l'homme arrache de son cœur la croyance surnaturelle, de quelque nom qu'on l'appelle, comme sauvegarde et comme sanction de la morale, il n'y a plus en lui ni lumière ni chaleur.

Qu'il soit bien entendu que tout ce que nous ôtons à la conscience, nous le donnons au préfet de police, qui est le scrupule sous une forme humaine ; une société qui n'a pas ou qui a peu de scrupules doit donc avoir beaucoup de gendarmes. — Rappelons-nous ces lignes de Montesquieu : « Moins la religion sera réprimante, plus les lois civiles doivent réprimer......... » « Des hommes qui croient des récompenses sûres dans l'autre vie, échapperont au législateur ; ils auront trop de mépris pour la mort... »

« Lorsque la religion établit le dogme de la nécessité des actions humaines, les peines des lois doivent être plus sévères et la police plus vigilante, pour que les hommes qui sans cela s'abandonneraient eux-mêmes, soient déterminés par les motifs ; mais si la religion établit le dogme de la liberté, c'est autre chose » (1).

La souveraineté de l'Etat en matière de religion est reconnue en principe dans les pays protestants, en Angleterre, en Allemagne, en Suisse. Jean-Jacques Rousseau défend ce principe, et le veut faire prévaloir même à ses dépens. Point d'équivoque, son *Credo* est une loi sanctionnée par l'Etat ; et, sur ce point, il est d'accord avec Tronchin, l'auteur des *Lettres de la campagne*. Mais qu'importe cet accord des deux adversaires ? Le principe de la séparation entre le domaine spirituel et le domaine temporel, entre l'âme et le corps, entre la conscience individuelle et l'Etat, entre ma pensée qui n'appartient qu'à moi et mes actions, qui, dans une certaine limite, peuvent relever de la loi, cette séparation n'est cependant pas illusoire et arbitraire ; ce principe est, en quelque sorte, implanté dans notre conscience, on ne l'en peut arracher. Il est dans l'essence de l'homme de ne pas tout livrer à la prescription légale, de ne point toujours enchaîner son regard à la terre. Ce n'est pas à l'Etat, ce n'est pas même à la Patrie, mais c'est au ciel qu'il élève sa pensée et sa prière « *Pater Noster qui es in cœlis.* » C'est là notre indépendance ; il ne la faut jamais abdiquer ; quand la revendication de cette liberté est vaine, l'homme la revendique par le martyre et par la mort. La séparation de la religion et de l'Etat a été cimentée par le sang, et, quoique l'on fasse, lois, décrets émanés de n'importe quel despotisme, elle est et sera indestructible ; la liberté religieuse s'est toujours conservée sur la terre, elle est la plus inébranlable propriété de l'homme ; il ne dépendra donc pas de deux logiciens comme Jean-Jacques Rousseau et Tronchin de supprimer d'un trait de plume cette séparation. — Que, dans certaines circonstances, les

(1) De l'Esprit des lois, liv. XXIV, ch. 14.

communions protestantes aient donné plus de nerf à l'autorité civile, nous l'admettons, mais l'histoire des révolutions religieuses atteste qu'il y a toujours eu une distinction rigoureuse entre les deux domaines temporel et spirituel ; et Jean-Jacques Rousseau lui-même, ce partisan absolu de la souveraineté de l'état en matière de religion, n'a-t-il pas écrit : « Les magistrats, les lois « n'ont aucune autorité sur les âmes ; et, pourvu qu'on soit fidèle « aux lois de la société dans ce monde, ce n'est point à eux de « se mêler de ce qu'on deviendra dans l'autre, où ils n'ont au- « cune inspection (1). » Puis il déclare que : « La décision de « toutes les questions qui n'intéressent personne, et où qui que « ce soit ne comprend rien, doit toujours être livré aux théolo- « giens. »

Cette idée méritait de venir du château de Ferney, mais, quelle qu'elle soit, ne s'ensuit-il pas que Jean-Jacques Rousseau admet la distinction des deux domaines, en reconnaissant que les théologiens doivent décider de toutes les questions inintelligibles, telles que mystères et dogmes qui ne peuvent relever de l'autorité civile.

Et, parmi ces questions inintelligibles, parmi ces dogmes qu'il juge inutiles à la société, comme n'important nullement au bien terrestre, unique objet de la législation, Jean-Jacques Rousseau cite les mystères de la grâce et du péché originel. Il demande : « En quoi les membres de l'Etat seront-ils meilleurs citoyens, « quand ils auront rejeté le mérite des bonnes œuvres ? Et que « fait au lien de la société civile le dogme du péché originel (2) ? » Ces questions discutées depuis saint Augustin, renouvelées au onzième siècle par les plus grands docteurs du moyen âge, enfin reprises et éclairées au dix-septième siècle par les Bossuet et les Fénelon, nous ne les pouvons juger ni inintelligibles ni, moins encore, indifférentes à la société civile. — Quand on dit d'une difficulté, d'un problème compliqué : « c'est inexplicable, c'est in-

---

(1) IIᵉ lettre de la Montagne, 1ʳᵉ partie, p. 199. Edit. Musset-Pathay.
(2) P. 192.

intelligible ; » il entre plus de paresse que de modestie dans l'expression de notre découragement, qui parfois est fort peu sincère;
l'inintelligible est un grand mot, bien commode, mais bien souvent
vide de sens. Tant valent les gens, tant vaut l'intelligible qui n'a
pas de bornes infranchissables. C'est l'horizon qui recule selon la
portée de notre vue ; et de même qu'il y a parmi les hommes les
presbytes et les myopes, il y a des gens dont l'horizon est très-
borné, il en est d'autres qui l'ont plus étendu. Les questions qui
me paraissent inintelligibles ne le sont sans doute pas pour vous, et
d'ailleurs, peut-être ne me le paraîtront-elles pas toujours. Alors
même que je ne comprendrais jamais le dogme du péché originel, je ne le croirais nullement indifférent à la société civile. Est-
il indifférent de savoir, par exemple, si le mal est originellement
dans la nature de l'homme, comme nous l'apprend la religion
chrétienne, ou dans la société, comme le soutiennent par toutes
sortes de paradoxes certains sophistes de nos jours ?

Si le mal vient de la société, le remède est simple ; il ne faut
que corriger, réformer, changer la société. Si, au contraire, il a
plu à Dieu que le mal soit dans la nature de l'homme, le remède
semble alors plus difficile ; il faut corriger le mal chez soi, et
s'y résigner de la part des autres : nous aurons les uns un véritable amour du prochain, et les autres cette résignation et cette
patience réciproques, qui font que les sociétés vivent. Ainsi, selon
que nous croirons que le mal vient de l'homme ou de la société,
nous serons chrétiens ou révolutionnaires ; ce n'est donc pas, on le
voit, une question étrangère à l'ordre social que la question de
l'origine du mal ici-bas.— Une fois que nous absolvons l'homme,
et que nous le montrons parfait en sortant des mains de la nature,
comme le veut Jean-Jacques Rousseau, nous croyons que l'obstacle à notre bonheur vient de la société, et dès lors notre indignation
est légitime, du moins elle s'excuse ; nous n'avons plus dès lors
qu'à recueillir les enseignements de Robespierre, déclarant à la
Convention : « Nous voulons remplir les vœux de la nature...
et absoudre la Providence du long règne du crime et de la tyrannie? » Il se mit à l'œuvre, commença à réformer la société, et
vous savez comment.

M. Saint-Marc Girardin, en parlant des utopies des modernes réformateurs , ajoutait à peu près : « Si quelqu'un me promettait « le paradis sur la terre, je lui demanderais un passe-port pour « aller vivre dans une société humaine et médiocre. » C'est aussi le parti que prendraient tous ceux qui craindraient qu'au lieu du paradis, on leur donnât son contraire.

Correspondance de Jean-Jacques Rousseau, notamment avec Madame De la Tour. — Réfutation de plusieurs reproches peu fondés.

I.

Nous devions suivre notre philosophe dans sa polémique des lettres de la *Montagne*. Mais le sujet est devenu trop scabreux, et les circonstances actuelles ne nous laissent pas le loisir de considérer le côté politique de la querelle entre le grand et le petit conseil de Genève (1). Discuter semblable matière exigerait d'autres temps et une autre plume. Nous rentrerons plus volontiers dans la vie privée de Jean-Jacques Rousseau. Cela nous sera facile, à l'aide de sa correspondance.—Si les ouvrages des grands écrivains, comme Cicéron, Voltaire, Rousseau, etc., devaient périr, nous regretterions surtout leur correspondance ; c'est là en effet que les hommes se montrent le mieux à visage découvert. Dans un livre, traité, discours ou poëme, l'auteur pose, se drape, étudie ses gestes, s'admire et se fait admirer, se complaisant dans ses attitudes d'emprunt. Dans sa correspondance, si elle est sincère, s'adressant à des intimes et non au public, l'homme se laisse voir tel quel, se livre à ses idées, à ses fantaisies ; tel il se dit, tel il se montre. Il est sans doute bien des auteurs qui ont cherché à faire illusion « en se fardant, » dans leur correspondance : Sénèque, Fronton, Balzac et d'autres ; mais, en général, l'homme s'échappe davantage dans une lettre. — Ainsi, quiconque voudra connaître Erasme et son temps, lira ses lettres familières. Pour Jean-Jacques Rousseau, c'est surtout dans sa correspondance que nous retrouvons notre philosophe avec les bizarreries de son humeur fantasque, avec les grâces exquises de son imagination et les tempêtes de son caractère bourru, acariâtre ; avec les charmes d'une sensibilité « excessive (2), » les tendresses infinies d'un cœur profon-

______

(1) Nous écrivions ces lignes au mois de juillet 1851.
(2) 104ᵉ Lettre à Mᵐᵉ d'Epinay.

dément ému et aussi avec la grossièreté d'une sensualité brutale ;
il nous apparaîtra tour à tour tendre et généreux, ou hargneux et
intraitable , écrivant à la même femme des lignes d'une péné-
trante tendresse et des lignes d'une désolante et poignante âcreté.
— L'auteur de l'*Emile*, de la *Nouvelle Héloïse*, du traité sur la
Musique, du discours sur l'*Inégalité des conditions*, et surtout le
lauréat de l'Académie de Dijon, savait son public et le traitait en
conséquence. Le public se défie de ce qui est simple ; il lui faut
de l'extraordinaire, de l'inattendu, — Vous faites une réclame
bizarre de forme, de caractères et de couleur, vous attirez
les yeux, des groupes avides du nouveau vous lisent, vous
intéressez le public, et, quand vous l'aurez amorcé par le paradoxe, vous arriverez, s'il est possible, au bon sens. Mais il y en
a beaucoup qui restent au vestibule, et qui prennent le masque
pour le visage. Jean-Jacques Rousseau excellait à réveiller le
goût d'un siècle blasé ; il attire son public par le paradoxe, il le
charme, le séduit et l'amène presque toujours au bon sens ; mais,
si tous ses ouvrages nous montrent un Jean-Jacques de convention, un écrivain faisant « son métier d'auteur, » c'est dans ses
lettres que nous le verrons à nu dans le simple déshabillé d'un
homme qui ne cache ni ses infirmités ni ses défauts.

Mais il nous faut d'abord faire la connaissance de quelques-
unes de ses correspondantes, et nous livrer à une recherche de
ce que nous appellerons *ses dernières amours*.

Beaucoup de femmes, haut placées, lui rendaient leurs hommages et lui faisaient une sorte de cour, désireuses qu'elles étaient
d'avoir une lettre du misanthrope ; lui, tout en avouant qu'il « ne
savait point résister aux caresses, » il répond comme par mono-
syllabes, se faisant arracher mots par mots de petits billets d'une
incivilité souvent grossière, sans faire cependant lâcher prise à ses
dévotes ; car il en eut beaucoup en tête desquelles figure l'opi-
niâtre Mme de La Tour.—C'est le privilége des grands esprits, de
créer des personnages dont la perfection stimule la vanité des
lecteurs jaloux de leur ressembler, ou plutôt c'est la manie des
belles dames, qui se piquent d'être sensibles et exaltées, de se
reconnaître dans les romans en vogue. (Ici M. Saint-Marc Gi-

rardin dit spirituellement qu'il abuse du privilége qu'il a de ne
s'adresser qu'à des hommes.) Quand les femmes prennent un
roman, c'est un miroir qu'elles prennent. De là, ces héroïnes de chaque siècle: ainsi, au dix-septième, alors que la
Clélie de Mlle de Scudery et l'*Astrée* d'Honoré d'Urfé tournaient
toutes les têtes romanesques, que de Clélie, que d'Astrée ne ren-
contrait-on pas dans les salons? Avec quelle prestesse charmante, avec quelle mobilité coquette les grand-s dames, et à leur
suite les moins grandes dames prenaient-elles les allures, les
grâces et les ridicules des *précieuses*? Au dix-huitième, le bon
ton change de mode, chaque jeune femme prétend prendre
pour modèle Virginie de Bernardin de Saint-Pierre. Mais Atala
et René détrônent-ils, pour un moment, Paul et Virginie?
Alors que de pélérinages lointains! Est-ce Corinne qui a la
vogue? L'on n'entend plus que chanter sur le promontoire de
Misènes, la lyre à la main, un adorateur à ses pieds. M. de Lamartine publie le Lac et Elvire. Il n'y a plus que des Elvire et
des promenades sur le lac. Bien des femmes se reconnurent dans
Julie et dans Claire, les deux héroïnes de la *Nouvelle Héloïse*!

> « Je sais même sur ce fait
> « Bon nombre d'hommes qui sont femmes. »

Que de Saint-Preux, de René, de don Juan, de Child Harold ne
pourrait-on pas nombrer?

Mais il faut certaines conditions pour que les femmes se puissent
reconnaître dans les modèles qu'elles choisissent : les héroïnes
modèles doivent être au-dessus de l'humanité; les femmes ne
se reconnaissent que dans des portraits incomparablement beaux ;
enfin ce brevet de beauté parfaite doit être tracé et signé de la
main d'un homme.

Nous savons tous un célèbre romancier qui a donné le premier rang aux femmes, qui les a dotées de toutes les qualités, la
grâce excepté. Eh bien! ce romancier n'a pas de dévotes (il n'a
que des dévots). Ce qui plaît aux femmes, ce n'est pas d'avoir les
qualités des hommes, c'est d'avoir la douceur qui attire, la
beauté qui charme et la grâce qui séduit; elles aiment encore

mieux régner que gouverner: ce qui leur faut, c'est l'apothéose ; ce n'est pas d'être le chef, c'est d'être l'idole. Si elles ne prétendaient qu'à être obéies ou flattées, elles seraient satisfaites depuis longtemps. Elles veulent être adorées ; elles ont raison. Il n'y a que cela de beau et de vraiment digne d'elles. Quiconque a une grande, une vive, une délicate ambition ne vise pas au dévouement subalterne. Soit qu'elles dédaignent le commandement, soit qu'elles ne le prennent qu'en passant, les femmes élèvent plus haut leur légitime ambition, elles aspirent à l'adoration, et J.-J. Rousseau ne la leur refusait pas. Aussi les correspondantes de Jean-Jacques se souciaient-elles peu de ses brusqueries, et, bien qu'il ne les ménageât point, elles lui pardonnaient, parce qu'il leur avait voué une sorte de culte. Comment n'eussent-elles pas été portées à l'indulgence envers un homme qui leur écrivait de si jolies choses ; ainsi en parlant de Mme de La Tour, qui se donnait pour l'édition vivante de Julie, il dit (1) : « Si elle est femme, elle est plus qu'un ange, il lui faut des adorations. » Et s'adressant à Mme de Créqui : « C'est à vous qu'il « appartient d'apprivoiser les monstres » (2). Et dix ans plus tard : « Fussiez-vous au bout du royaume, si vous ne rebutez pas ma « visite, *j'irai de mon pied faire un pèlerinage* auprès de vous » (3) Dans sa quatrième lettre à Sara (Mme d'Houdetot, selon quelques-uns) : « Je suis à l'épreuve de tout, hors de vos regards... Non, di- « vine Sara, ne profane pas le temple où tu es adorée, et laisse au « moins quelque vertu dans ce cœur à qui tu as tout ôté..... *Je n'ap-* « *procherai de vous que comme d'une divinité devant laquelle on im-* « *pose silence à ses passions.* Vos vertus suspendront l'effet de vos « charmes. » Il termine la lettre 339, du 26 septembre 1762, à Mme de La Tour : « Si vous ressemblez à vos lettres, vous êtes un ange ; « si j'étais des vôtres, *je vous ferais ma prière* tous les matins. » Enfin, et pour ne plus citer, il écrit à Mme de Luxembourg : « Vous comptez par les jours et moi par les heures... Pour vous,

----

(1) Lettre 258, aux *inséparables*.
(2) Lettre 47, 9 octobre 1751.
(3) Lettre 239, 25 février 1761.

« Madame, il faut se *mettre à genoux* en lisant la fin de vos lettres,
« les baiser, soupirer et dire : Que n'est-elle ici ! » (1)

Ce dernier souhait, cet ensemble d'images peuvent donner idée
du genre dont Jean-Jacques honorait les femmes. Pour lui, la
divinité n'impliquant point la pureté, toutes les *femmes* de Rousseau ont je ne sais quoi de la Vénus antique et de la Muse. Il y a
en elle beaucoup de l'empire des sens, et une large part aussi
accordée à l'empire du cerveau. Sensuelles, exaltées, elles sont
femmes par le corps, par la tête, pas toujours par l'âme et le cœur ;
ce miel, cette ambroisie de l'âme, qui n'a ses parfums les plus dé-
licieux que dans le cœur de la femme, et qui ne peut être servi dans
la coupe divine qu'à ceux-là seuls qui sont dignes d'en approcher leurs lèvres, nous le demanderions en vain aux femmes de
Jean-Jacques. La vraie pureté, la chasteté de la mère, et la pu-
deur de la jeune fille leur manquent ; ces deux types et ces deux
modèles ont été voilés aux yeux de J.-J. Rousseau, qui n'a jamais, hélas ! vécu en famille !

Après cette préface, dont il nous priait de lui garder le secret, M. Saint-Marc-Girardin arrive à la correspondance même.
M. de Sainte-Beuve a raconté d'une manière trop piquante le roman de Mme de La Tour-Franqueville avec notre philosophe pour
que nous y puissions revenir tout à notre aise ; nous ne prendrons
donc que quelques traits du roman.

En 1760, J.-J. Rousseau avait publié son *Héloïse*, et il se représente dans ses *Confessions* comme complétement désenchanté,
vieux, triste et bourru ; il ne se flattait point, mais il ne se calom-
niait pas non plus. Un seul sentiment vivait encore, il se sentait
secoué par les derniers feux de sa passion pour Mme d'Houdetot.
A 63 ans il dit : « Je viens d'avoir d'une jeune femme des agace-
« ries, mais je me suis souvenu de mes douze lustres. » Il est
raisonnable, quand on n'a plus de jambes de ne plus s'exposer à
des chutes. Mais J.-J. Rousseau le dit à la fin de sa troisième lettre à Sara : « L'hiver a beau couvrir l'Etna de ses glaces, son

---

(1) Lettre 242, 26 mai 1761.

sein n'est pas moins embrasé. » Cette belle métaphore pour pein-
dre le cœur d'un barbon soupirant, amoureux, répond aux sentiments ridicules qu'elle exprime ; et à ce propos, il serait curieux de relire dans Hernani, la déclaration de Ruy Gomès à
Dona Sol.

> « Ecoute, on n'est pas maître..... »

Certes, il y a dans cet aveu de l'amour d'un vieillard, bien de l'i-
magination, mais il n'y a que de l'imagination ; rien n'y décèle la
passion et la tendresse enivrante ; on reste froid aux pleurs du
vieillard parce que « ils sont moins d'amour que de rage » (1).
Pour nous servir des termes mêmes de J.-J. Rousseau, qui laissant
de côté toute déclamation, toute cette exagération qui fausse le
goût, adresse à Mme d'Houdetot une lettre d'une simplicité tou-
chante : « Je suis sensible à l'intérêt que vous prenez à mon état. »
Cet état, triste en effet, l'empêcha d'être piqué au vif par les
deux dames qui s'annonçaient à lui comme les éditions vivantes
de *Claire* et de *Julie*. Mais Jean-Jacques était « ours » et voulait
l'être. Il fut par cela seul d'autant plus sensible à ces caresses d'a-
mour-propre. On rencontre assez souvent, par le monde, bon
nombre de ces gens à l'écorce rude, qui affectent le ton bourru
de l'ours pour se consoler de ne pouvoir être *lions* à la mode. Ils
ont une vanité renforcée d'une fausse modestie.

J.-J. Rousseau répond à la première lettre de l'amie de *Julie*,
ne se prêtant qu'avec une sorte de réserve. Il félicite les deux
amies d'être si parfaites et de faire l'honneur de leur sexe, puis
il se met tout d'abord à son aise, et parle sans gêne de ses infirmités. Il manque dans cette lettre et dans les billets, qu'il se fera
arracher, une certaine délicatesse de ton et de sentiment ; on y
voit partout percer l'auteur, jusque dans le tour qu'il donne à ses
compliments toujours un peu tendus, si je puis ainsi dire. Dans
la seconde lettre, son esprit s'inquiète, il craint d'être mystifié,

---

(1) Ire lettre à Sara.

il soupçonne que ce ne soient pas deux dames, mais une femme se
chargeant du rôle de *Claire*, et un homme de celui de *Julie*, qui
« si elle était vraiment une femme, serait un ange, ce qui est tout
un pour mon dépit. » Puis se ravisant, il écrit : « Je me venge
« donc en vous imaginant si charmante que, comme que vous
« puissiez être, j'ai de quoi vous rendre jalouse de vous » (1).
Dès qu'il la croit femme, il ne veut plus la connaître : « Vous ne
« sauriez plus y gagner, et moi j'y pourrais trop perdre » (2).

Mais ce qui gâtait ce commerce de lettres, c'est que Mme de La
Tour se montrait exigeante ; dès sa deuxième réponse, Jean-Jacques en est à se défendre contre les reproches de sa correspondante. Elle montrait les lettres ; puis on ne lui répondait pas
exactement, on ne lui avait pas répondu à ceci, à cela ; puis elle
trouvait surtout les lettres trop rares et trop courtes : elles l'é-
taient en effet, mais elles le devinrent plus encore, sans être plus
aimables, tout en prétendant l'être : « Il est vrai, Madame, je n'ai
« pas répondu à vos six pages...., mais soit que vous comptiez
« les pages, les choses, les lettres, je serai toujours en reste, et
« si vous exigez autant que vous donnez, je n'accepte pas un
« marché qui passe mes forces..... Je veux conserver ma liberté
« jusque dans mes attachements... Je ne fais plus avec plaisir
« ce que je suis forcé de faire. *Tenez vous cela pour dit* »(3). C'est
ce que fit l'amie de Mme de La Tour, la fausse *Claire* (4). Quant
à *Julie* ou Mme de La Tour, loin de se le tenir pour dit, elle insista,
pressa et s'attira cette lettre si dure et si impertinente adressée
aux inséparables (5), écrite le 11 janvier 1762, en réponse à une

---

(1) Lettre 257, Montmorency, 19 octobre 1761.
(2) Lettre 265, 10 novembre 1761.
(3) *Id. passim.*
(4) « Je me suis donné trois fiers coups de poing sur la poitrine, du
« commerce que je me suis avisé de lier avec vous. Socrate disait qu'il
« se mirait quand il voulait voir un fou. Donnons cette recette à *notre*
« *animal* » (Lettre de Mme *** à Mme de La Tour) On sait que Mme d'É-
pinay appelait J.-J. Rousseau « son ours. »
(5) Lettre 258.

lettre où l'amie de Mme de La Tour avait trouvé le défaut de la
cuirasse et piqué au vif le vaniteux Jean-Jacques, en lui écrivant :
« Allez, vous êtes fait tout comme les autres hommes. » Et telle
n'était pas, on le sait par le commencement des *Confessions*, l'i-
dée que J.-J. Rousseau avait de lui-même. C'est lui qui a en
quelque sorte inspiré cette vanité de notre temps , où personne
ne veut être fait comme tout le monde. On s'imagine assez volontiers que le jour où Dieu nous créa était un jour privilégié, et
il semble que c'est cette œuvre qui lui a fait dire : « Et vidit
« Deus quia erat bonum. »

J.-J. Rousseau est le créateur du genre, il aimait assez avoir
des dévotes, pourvu toutefois que sa divinité ne fût pas trop
tourmentée ; aussi donna-t-il par trois ou quatre fois son congé à
Mme de La Tour, qui, en dépit des dûretés et des grossières brusqueries de Jean-Jacques, ne se lassait pas de l'aimer, de l'admirer et de le lui écrire. Mais il y a dans cette correspondance, qu'il
serait curieux d'analyser, quelque chose de pis que le congé
donné, quelque chose de plus cruel et de plus blessant pour une
femme, c'est l'indifférence. A une lettre pleine d'expansion et
d'enthousiasme, J.-J. Rousseau répond : « J'espère que cette
« lettre vous trouvera remise de votre mal de gorge ; » puis il
conseille la tisane et les bains de pieds (1). Il est plus insolent
que Lovelace, que le héros des *Liaisons Dangereuses* , lorsqu'il
écrit (2) : « Je vous dirai que parmi des *ballots* de lettres, j'en
mets à part des *liasses....*, mais le tout reste mêlé et confondu
jusqu'à ce que j'aie le *loisir d'en faire le triage.....* Il s'agit donc
de trier vos lettres..... Je ne prévois pas de pouvoir faire cette
revue avant l'*hiver*. » Ajoutons à cette insolence l'injurieux oubli
du nom de baptême, ce nom de Marianne qu'il lui redemande
et qu'elle est obligée de lui rappeler. — Et cependant Mme de
La Tour ne se lassait jamais. — Comment eût-elle eu la force de
renoncer aux compliments que Jean-Jacques avait la perfide
adresse de lui glisser au début ou à la fin de ses billets, même

---

(1) Lettre 363, 4 janvier 1763.
(2) Lettre 396, 14 mai 1763.

les plus durs et les plus secs ; « Je ne puis qu'être touché de
« la persévérance d'une personne faite pour éprouver celle
« d'autrui..... On n'a pas besoin d'être bienfaisant pour vous
« rendre ce qui vous est dû ; il suffit d'être juste, et c'est ce que
« je serai toujours avec vous, tout au moins. (1)» Il le promettait,
mais ne tenait guère sa promesse. Il y a en lui du bourru et de la
coquette.

Si Mme De La Tour cesse, par exemple, de lui écrire quelque
temps, Jean-Jacques Rousseau s'empressera de lui adresser de
pressants petits billets pour stimuler le zèle de sa dévote (2). Lui
exprime-t-elle la crainte d'être indiscrète ; il répond : « Je suis
« encore prêt à me fâcher, Marianne, de la crainte que vous mar-
« quez de me tourmenter par vos lettres... *Je ne puis souffrir*
« *les tièdes*, et j'aime mieux être haï de mille à outrance et aimé
« de même d'un seul ; *quiconque ne se passionne pas pour moi*
« *n'est pas digne de moi. (3).* »

Que la pauvre femme devait tressaillir de bonheur et de joie
en recevant la 352° Lettre qui commence en ces termes : « Tu
« m'aduli, ma tu mi piaci. Il se faut rendre, Madame... Plus je
« gronde, plus je m'enlace.... Si vous eussiez gardé avec moi le
« silence que j'avais mérité, je n'aurais eu garde de vous laisser
« faire, du moins jusqu'à m'oublier. » — Et, quand il sent la
ferveur de Mme De La Tour s'attiédir, il lui adresse encore
des reproches. « Quel silence, ô cette charmante Marianne ! De
« toutes les choses que je connais de vous, il y en a mille qui
« m'enchantent, et pas une qui me déplaise (4). » Jean-Jacques
a des moments de tendre exaltation, qui lui inspirent ces lignes
bien faites pour enivrer sa correspondante : « L'orage nouveau qui
« m'entraîne et me submerge ne me laisse pas un moment de
« paix pour écrire à l'aimable Marianne ; mais rien ne m'ôtera
« ceux que je consacre à penser à elle et à faire d'un si doux

---

(1) Lettre 288, 24 avril 1762.
(2) Lettres 390, 401, 440. 444, 455, 725, 786.
(3) Lettre 339.
(4) Lettre 401, 17 juin 1763.

« souvenir une des consolations de ma vie.... Je ne cache point
« ma faiblesse en vous écrivant ; vous sentez ce que cela veut
« dire » (1) ; et ailleurs : « Mon cœur ne peut cesser d'être plein
« de vous (2). »

Mme De La Tour pouvait avoir une imagination romanesque ;
elle avait assurément un noble cœur, un esprit élevé, c'était une
amie sûre : elle le prouva en prenant fait et cause pour Jean-
Jacques, en combattant la calomnie dans une brochure que Jean-
Jacques Rousseau reçut à Wootton, d'où il lui écrit cette ligne (3) :
« En la lisant, le cœur m'a battu, et j'ai reconnu ma chère Marianne. J'espère qu'elle connaît aussi. » Et plus tard, dans une
lettre plus longue et plus affectueuse que toutes les autres, com-
mençant par la citation de Métastase :

Sentirsi, oh Dei ! morir,
E non poter mai dio :
Morir mi sento.

Comme il dut réjouir le cœur de sa pauvre correspondante, en
lui écrivant :

« Il m'est doux de penser qu'un jour le nom de ma chère
« Marianne recevra les honneurs qui lui sont dus, à la tête du
« petit nombre de ceux qui ont eu le courage de me défendre de
« mon vivant.... Que ma digne avocate soit toujours mon amie,
« et qu'elle soit sûre que, pour les services vrais, dont je fais cas,
« et rendus en silence, tels que celui que j'ai reçu d'elle, la re-
« connaissance de ce cœur qu'on traite d'ingrat est des plus rares
« parmi les hommes, puisqu'elle se tourne toute en attache-
« ment » (4).

Mme De La Tour se trouvait donc suffisamment engagée à con-
tinuer sa correspondance et son adoration ; mais alors même
qu'elle n'eût pas eu la joie de recevoir d'aussi encourageantes
flatteries de la part de Jean-Jacques Rousseau, elle n'en eût pas
moins persisté dans son enthousiasme pour l'auteur de la _Nou-_

---

(1) Lettre 546, 10 février 1765.
(2) Lettre 854, 3 janvier 1769.
(3) Lettre 725, 7 février 1767
(4) Lettre 791, 20 janvier 1768.

velle Héloïse. Mᵐᵉ De La Tour aimait en lui sa propre vanité, elle se présentait comme une nouvelle Julie et voulait obtenir du peintre un brevet de fidélité, un certificat de ressemblance ; et c'est là ce qui déplaisait fort à Jean-Jacques Rousseau, qui était bien assurément en droit de le lui refuser. Ne pouvait-il répondre : oui, vous aurez beau être la plus charmante créature du monde, réunir toutes les qualités et toutes les séductions ; vous ne serez jamais ni si belle ni si parfaite que la créature de mon imagination. Nulle part le poëte ni le peintre ne sauraient trouver l'idéal qu'ils conçoivent. Il n'y a pas de beauté, quelle qu'elle soit, qui ne le cède à cette beauté primitive, modèle accompli de toutes les autres, beauté invisible et surnaturelle, inaccessible à nos sens, et que la pensée, l'âme seule peut saisir. Phidias ne contemplait-il pas sans cesse cette beauté suprême qui attachait ses yeux, et dont la céleste image inspirait son esprit et dirigeait sa main ; et Raphaël a-t-il jamais trouvé ses Vierges sur la terre ? Il en est ainsi du poëte, Rousseau avait cru concevoir sa *Julie* tellement parfaite, qu'il devait s'indigner de la prétention de ces fausses Julies qui, en voulant s'élever jusqu'à leur modèle, l'abaissaient jusqu'à elles.

II.

La correspondance de Jean-Jacques Rousseau renferme bon nombre de traits de bon sens et de vérité, à l'aide desquels on peut bien facilement répondre à tous les injustes reproches qu'on lui a faits : d'avoir prêché l'amour romanesque, d'avoir encouragé les passions les plus vives, les plus ardentes, les plus folles, d'avoir poussé à la mélancolie. On a dit, que c'est de lui que viennent tous ces faux désespérés qui encombraient la poésie, il y a vingt ans, et qui se sont transformés en Don Juan et en lions. On oublie trop que Jean-Jacques, sans être gai, aimait pourtant la vraie gaieté et détestait la fausse tristesse. Sa belle Lettre sur le suicide peut se résumer dans ce vers charmant de M. Lacretelle :

« Donnez-moi vos vingt ans, si vous n'en faites rien. »

Voyons comment Jean-Jacques Rousseau répondait à un jeune homme qui (1) lui parlait de son amour romanesque : «Vous voilà « donc, mon cher Deleyre, bien décidément fou ; car il n'y a « plus de doute sur votre dernière Lettre.... puisque vous ai- « mez ; vous n'aimez qu'un objet parfait, cela est clair.... Mais « il faut m'excuser d'avoir profané, je ne dis pas l'idole, mais la di- « vinité de votre cœur. » Il avait d'abord cru que les amours de Paris duraient peu, et il avait pris le ton plaisant ; puis il ajoute : « Mais non ; l'absence, le sort cruel, vous voilà toujours dans les « sentiments héroïques.... Enfin donc, vous vous êtes choisi une « maîtresse tendre et vertueuse ! Cela n'est pas étonnant ; toutes « les maîtresses le sont. Vous vous l'êtes choisie à Paris ! Trouver « à Paris une maîtresse tendre et vertueuse, c'est n'être pas mal- « heureux. Vous lui avez fait une promesse de mariage ? cher « Deleyre, vous avez fait une sottise... la promesse est super- « flue et inutile. Vous l'avez signée de votre sang ? Cela est pres- « que tragique ; mais je ne sais si le choix de l'encre fait quel- « que chose à la foi de celui qui signe.... Cher Deleyre, je « suis alarmé de l'état où vous êtes. Ah ! s'il vous reste une étin- « celle de raison, *ne faites rien sans l'avis de vos parents.* »

Cette Lettre est loin d'être la seule de ce genre et sur ce ton, dans cette correspondance, qui aurait réponse à la plupart des griefs que l'on entasse contre Jean-Jacques Rousseau ; nous lui avons fait assez rude guerre pour que nous rendions la justice qui lui est due. Nous l'avons déjà vu plusieurs fois recommander le respect et l'obéissance envers les parents, et railler de la plus spirituelle manière la passion romanesque. Sa verve est intaris- sable, lorsqu'il s'adresse à toutes les femmes incomprises du dix- huitième siècle, qui se miraient dans les types qu'il avait créés, tels que Julie, Sophie, et se croyaient, comme elles, douées d'un génie supérieur et d'une âme sensible. Chacune le prenait pour conseil ; mais, une fois au confessionnal de ce rude directeur, le masque tombe ; car il a une pénétration perfide, il ne se laisse

---

(1) Lettre 192, 10 novembre 1759.

nullement abuser par les dehors modestes de la vanité féminine, il les persifle sur cette sensibilité « qui n'est qu'un amour-propre qui se compose. » Il renvoie avec une brusque roideur ses plus aimables clientes à la vie bourgeoise ; vous êtes une femme sensible, passionnée, incomprise : au ménage(1) ! Vous voulez être la femme des salons, vous voulez y briller par-dessus toutes ; vous y cherchez des admirateurs, des adorateurs ; vous tenez à être à

---

(1) Nous renvoyons avec plaisir nos lecteurs aux trois lettres 41, 42 et 44e, que M. de Maistre adressait de Saint-Pétersbourg à sa fille Mlle Constance de Maistre.

... . « Les femmes ne sont nullement condamnées à la médiocrité ; « elles peuvent même prétendre au sublime, mais au sublime *féminin*. « Chaque être doit se tenir à sa place et ne pas affecter d'autres perfec- « tions que celles qui lui appartiennent ..... L'erreur de certaines fem- « mes est d'imaginer que, pour être distinguées, elles doivent l'être à la « manière des hommes. Il n'y a rien de plus faux....... Le grand hon- « neur est de faire des hommes, et c'est ce que les femmes font mieux « que nous. Crois-tu que j'aurais beaucoup d'obligations à ta mère, si « elle avait composé un roman au lieu de faire ton frère ? Mais faire « ton frère, ce n'est pas le mettre au monde et le poser dans son ber- « ceau ; c'est en faire un brave jeune homme, *qui croit en Dieu et n'a* « *pas peur du canon.* Le mérite de la femme est de régler sa maison, de « rendre son mari heureux, de le consoler, de l'encourager et d'élever « les enfants, c'est-à-dire, *de faire des hommes* ; voilà le grand accou- « chement qui n'a pas été maudit comme l'autre...... En un mot, la « femme ne peut être supérieure que comme femme ; mais dès qu'elle « veut *émuler* l'homme, ce n'est qu'un singe. (Lettre 41e).

Dans la suivante, la 42e de ce recueil, M. de Maistre continue : « Vol- taire a dit, à ce que tu me dis (car, pour moi je n'en sais rien), *que les femmes sont capables de faire tout ce que font les hommes* ; c'est un compliment fait à quelque jolie femme, ou bien c'est une des cent mille sottises qu'il a dites dans sa vie. La vérité est précisément le contraire : *Les femmes n'ont fait aucun chef-d'œuvre dans aucun genre....* (Suit l'énumération de tous les chefs-d'œuvre parmi lesquels figurent Rodogune, Tartufe, le Joueur). Mais elles font quelque chose de plus grand que tout cela. C'est sur leurs genoux que se forme ce qu'il y a de plus excellent dans le monde : *un honnête homme et une honnête femme.* »

Enfin, dans sa 44e lettre, il termine, par des plaisanteries pleines de sel gaulois et de bon sens, cette discussion sur les femmes savantes qui veu- lent faire les hommes.

la fois un grand homme et une belle adorée : au ménage, au ménage! Et prenez-y garde, au ménage ou ailleurs ; épouse et mère
ou courtisane. — Mais ce saint asile de la vie domestique que
vous dédaignez, vous ne savez donc pas quel trésor de joies et
de félicités il vous garde! Vous ne savez donc pas qu'au seuil de
ce saint abri de la famille les jouissances les plus pures et les plus
inàpuisables délices du cœur vous sont réservées!

C'est encore à Jean-Jacques qu'il faut demander la description de
ce tabernacle du bonheur ; jamais plus bel éloge du paradis n'est
sorti de la bouche d'un réprouvé ; jamais le ciel ne s'est fait voir
dans sa splendeur, sous un plus admirable aspect, aux regards d'un
démon repentant. Sur ces joies innocentes du ménage, sur cette
douceur inappréciable du foyer domestique, sur la dignité et la
majesté du chez-soi, ce pauvre Jean-Jacques ne tarit pas ; il a
écrit des pages inimitables et comme envenimées par le remords
d'un bonheur qu'il n'a pas connu ; il semble faire de cette pein-
ture, dans laquelle il se délecte, comme la cruelle expiation des
erreurs et des étranges oublis de sa vie.

S'il n'a pas pratiqué, il a, du moins dans ses Lettres, adressé les
plus persuasifs conseils à de jeunes époux. Personne n'a mieux que
lui parlé des devoirs du père de famille ; il n'entend pas qu'on les
sacrifie même à la vie publique. Soyez grand citoyen, grand législateur ; sauvez, si vous le pouvez, votre pays, sauvez même
l'humanité, si vous le voulez, mais, de grâce, songez un peu à la société conjugale. Si tout va bien chez vous, tout n'en ira pas plus
mal dans le monde. Soyez à la fois tous les héros de tous les âges,
soit ; mais trouvez aussi le temps d'être bon père et bon mari. Ce
que l'Imitation dit de la cellule du moine se peut appliquer à la
vie domestique. « Sella continuata dulcescit, male custodita
tædium generat, et vilescit » (1). Restez dans votre cellule, elle
vous deviendra douce ; quittez-la pour y revenir, elle vous deviendra amère. Il en est ainsi de la maison conjugale.

A l'un de ses correspondants qui lui écrivait : « Mais je ne suis

---

(1) Liv. I, ch. XX, n° 5.

pas assez petit pour m'enfermer dans l'étroite prison du ménage, il me faut un plus vaste horizon. » Jean-Jacques répond : « Les « piédestaux que nous font les affections sont bien plus hauts que « ceux que nous nous ferions nous-mêmes. »

On le sent, la leçon que donne Jean-Jacques Rousseau est à la fois simple et grande. Ce sont les petites, les vulgaires vertus, les vertus familières et domestiques qui répondent des vertus publiques. Il faut commencer par pratiquer les unes pour parvenir à se rendre digne des autres. Vouloir juger de la capacité pour les grandes choses, de l'incapacité pour les petites, c'est un détestable paradoxe.

M. Saint-Marc Girardin terminait son commentaire, plus éloquent que nous ne l'avons pu rendre après lui, par cette image vraiment heureuse, alors que les *arbres de liberté* empanachaient tous les carrefours de Paris.

« Je ne demande pas au gland d'être, avant le temps, un chêne majestueux ; je laisse le gland tomber dans le sol qui lui est propre ; je lui laisse pousser ses racines et son feuillage, et il devient le roi de la forêt ; mais je ne vais pas chercher l'ombrage sous ces arbres qui sont transplantés sur une terre étrangère, et qui n'y reçoivent pas le lent et progressif développement de la nature ; ceux-là n'ont ni verdure, ni ombrage, ni avenir. »

Eh bien, la vie publique demande aussi la lente préparation de la nature ; elle ne peut se passer de la vie domestique. Soyons d'abord homme, et ensuite, si nous le voulons, si nous le pouvons surtout, soyons héros. Les grands hommes ne naissent pas en un jour. C'est à l'école des vertus privées qu'ils doivent se former, s'élever et grandir.

Il est encore un reproche injuste que l'on a fait à Jean-Jacques Rousseau, et dont nous voulons le disculper. On a répété, surtout dans ces derniers temps, que, dans son discours sur l'*Inégalité des conditions*, il avait excité tous les sentiments d'envie du pauvre contre le riche ; — mais il a donc fallu qu'on fût bien distrait en lisant Jean-Jacques. Car sa correspondance tout entière proteste contre cette accusation. Personne mieux que lui n'a compris qu'il y a une charité à l'usage de tout le monde, à l'usage du pauvre lui même, celle de supporter le bonheur du riche ; et, comme il y a au-dessus de nous tous un bonheur que nous ne pouvons obtenir, il y a une charité que nous devons tous exercer. Il nous faut donc reconnaître une double charité : la charité en haut qui secourt et soulage ; la charité en bas, qui se résigne et nous console.

Laissons plutôt parler Jean-Jacques, qui écrit dans l'honnêteté de sa conscience : « Mon cher Romilly.... un travail modéré, « une vie égale et simple, la paix de l'âme et la santé du corps, « qui sont le fruit de tout cela, valent mieux pour vivre heureux « que le savoir et la gloire. Du moins, en cultivant les talents des « gens de lettres, n'en prenez pas les préjugés ; n'estimez votre « état que ce qu'il vaut, et vous en vaudrez davantage. » Et à ces utiles et sages conseils, que nous ne saurions trop lire et méditer, quitte à nous les croire adressés, Jean-Jacques ajoute :

« Je vous dirai que je n'aime pas la fin de votre Lettre : vous « me paraissez juger *trop sévèrement les riches ;* vous ne songez « pas qu'ayant contracté dès leur enfance mille besoins que nous « n'avons point, les réduire à l'état de pauvres, ce serait les « rendre plus misérables qu'eux. *Il faut être juste envers tout le* « *monde,* même envers ceux qui ne le sont pas pour nous. Eh ! « Monsieur, si nous avions les vertus contraires aux vices que « nous leur reprochons, nous ne songerions pas même qu'ils « sont au monde.... Encore un mot, et je finis. Pour avoir droit « de mépriser les riches, il faut être économe et prudent soi- « même, afin de n'avoir jamais besoin de richesses». (1)

Retournant la phrase de Figaro : « Aux vertus qu'on exige dans un domestique, votre excellence connaît-elle beaucoup de maîtres qui fussent dignes d'être valets (2) ? Nous demanderons si, aux vertus qu'on exige dans un riche, il y a beaucoup de pauvres qui fussent dignes d'être riches. »

---

(1) Lettre 155, juin 1758.
(2) Le Barbier de Séville, acte Ier, sc. 2.

Nous en étions là de notre travail, lorsque nous avons appris, avec bonheur, que M. Saint-Marc Girardin devait, à partir du 1er janvier 1852, publier dans la *Revue des Deux-Mondes*, une série d'articles résumant et développant tour à tour ses entretiens sur Jean-Jacques Rousseau.

Le cours du professeur nous avait guidé et inspiré dans l'*Étude* qu'on vient de parcourir ; dès que le maître prenait lui-même la plume, il nous convenait mieux de garder le silence ; chacun y gagnera, et nous, d'abord, qui sommes heureux de profiter, en lisant celui que nous avions eu tant de joie à écouter et à applaudir.

Eug. CHATEL.

ERRATA.

C'est par erreur que l'on a mis page 14 au lieu de 16, cela vient de ce que l'on n'avait pas tenu compte du titre.

Page 52 : *Je ne sache*, lisez : Je ne sais.